# MINIMUM RESPECT

DU MÊME AUTEUR

CHANT PLURIEL, roman, Gallimard, 1973

JUBILA, roman, Le Seuil, 1976

CÉLINE, Le Seuil, 1981 ; Gallimard, collection « Tel », 2001

LE XIXᵉ SIÈCLE À TRAVERS LES ÂGES, Denoël, 1984 ; Gallimard, collection « Tel », 1999

POSTÉRITÉ, roman, Grasset, 1988

LA GLOIRE DE RUBENS, Grasset, 1991

L'EMPIRE DU BIEN, Les Belles Lettres, 1ʳᵉ éd. 1991, 2ᵉ éd. 1998

ON FERME, roman, Les Belles Lettres, 1997

REJET DE GREFFE. EXORCISMES SPIRITUELS I, Les Belles Lettres, 1997

LES MUTINS DE PANURGE. EXORCISMES SPIRITUELS II, Les Belles Lettres, 1998

APRÈS L'HISTOIRE I, Les Belles Lettres, 1999

APRÈS L'HISTOIRE II, Les Belles Lettres, 2000

DÉSACCORD PARFAIT, Gallimard, collection « Tel », 2000

CHERS DJIHADISTES…, Mille et Une Nuits, collection « Fondation du 2 mars », 2002

DANS LA NUIT DU NOUVEAU MONDE-MONSTRE. EXORCISMES SPIRITUELS III, Les Belles Lettres, 2002

MINIMUM RESPECT, Les Belles Lettres, 2003

FESTIVUS FESTIVUS, conversations avec Élisabeth Lévy, Fayard, 2005

MODERNE CONTRE MODERNE. EXORCISMES SPIRITUELS IV, Les Belles Lettres, 2005

ESSAIS. Les Belles Lettres, 2010

PHILIPPE MURAY

# MINIMUM
# RESPECT

Deuxième tirage

LES BELLES LETTRES

2010

*www.lesbelleslettres.com*

Pour consulter notre catalogue
et être informé de nos nouveautés
par courrier électronique

© *2010, Société d'édition Les Belles Lettres*
*95, bd Raspail 75006 Paris*

*Première édition 2003*

*ISBN : 978-2-251-44229-7*

# AVANT-PROPOS

Ce qu'il y avait d'inqualifiable, jusqu'à moi, dans la poésie, c'était la poésie. Celle-ci évacuée, on remarquera qu'il ne reste que de l'excellent : rimes se situant très en-dessous du seuil de pauvreté, alexandrins utilitaires, strophes de circonstance aggravante, rythmes contraints à la plus sourcilleuse efficacité, refrains contagieusement drôles, cadences infernales, comptines mémorables, vers enfin, vers luisants du bonheur de ne plus avoir de troubadours sur le dos comme par le passé.

Il arrive même que les *e* muets reprennent la parole sans demander l'autorisation à quiconque. Et rien n'est alors plus délectable que de les voir ressurgir ainsi, éblouis, s'étirant dans la pleine lumière de la liberté après une si longue persécution syllabique.

Ce qui handicapait la poésie, jusqu'à moi, c'était le lyrisme, c'est-à-dire la poésie. Le lyrisme éradiqué, ne demeure plus que ce qui a toujours été ostracisé par les imbéciles qui lisent ou écrivent de la poésie, et la respectent : l'épique, le dramatique, le satirique, le polémique, le véridique, l'humoristique, le narratif, l'anecdotique, le lisible, le philosophique, l'ultra-politique. Le dialectique. En somme, toute la vie. En somme, toute la prose. Le concret et ses fantômes. Tout ce que l'on avait essayé de séparer à jamais de la strophe et du vers, afin que ceux-ci n'expriment rien d'autre que niaiseries subjectives, chromos approximatifs, mièvreries confidentielles, étouffants coqs à l'âme, et, de manière plus générale, approbation effrénée des conditions existantes. Par le flou et le flan. Par l'illusion d'une confraternité innocente et sans limites, d'une effusion irréfutable puisque sans adversaires, par l'expression d'une sorte de religion naturelle syncrétiste et universelle ressassant son généreux message dans un pidgin des origines, informe comme l'infini, et aussi morne que lui.

L'« alchimie des mots » n'est qu'une vieille pollution prétentieuse dont il faut éliminer les vapeurs mystifiantes pour laisser enfin respirer la poésie. On gagne beaucoup, aussi, à réfuter le stéréotype dans lequel se complaisent piteusement ceux qui s'obstinent encore à se dire poètes : que la poésie ne peut plus être qu'exténuée, indicible, nébuleuse, morte, innommable, livrée à elle-même et mourant pour elle-même. On verra qu'il m'est facile, en quelques poèmes catégoriques, de démolir ces lamentables sophismes et d'en tirer le plus grand plaisir. Il m'a suffi d'abord de couper à tour de bras dans la forêt furieuse des symboles pour trouver immédiatement ce que tout ce bois mort sur pied cachait : la réalité elle-même. Et mettre aisément la poésie, ainsi débarrassée de ses adorateurs cafardeux, à la portée du plus grand nombre de rieurs.

Au passage, on constatera que je n'ai gardé d'elle que ce qu'il est convenu d'appeler ses *contraintes*, autrement dit les règles anciennes et fécondes, la structure matérielle entraînante du vers classique, même très fortement apocopé, des choses évidemment très prosaïques, traumatisantes pour le sujet contemporain parce que délicieusement autoritaires comme des vérités révélées. Ce qui seul m'importait. La poésie des poètes n'avait d'ailleurs largué ses rimes, il y a un siècle, que pour avoir les coudées franches et dire encore plus de sottises qu'elle n'en avait débité jusqu'alors dans tous les millénaires. La véritable épopée n'est pas de se libérer des « conventions », du « corset » ou de la « règle », comme le radotent les mutins salariés du moderne modernant et les démagogues de la nouvelle bondieuserie narcissique-victimiste, mais de leur rendre leur insolence, leur efficacité, leur vertu incapacitante ; et, ainsi, libérer le vers de ses sinistres libérateurs. Par le rétablissement de la rime, ou par le compte des syllabes.

Mon propos consistait, entre autres, à redonner tout leur lustre à des termes comme « norme » ou « code », voire à « identité » ou à « unité », ne serait-ce que pour avoir le plaisir d'entendre siffler la rage routinière des *voleurs de feu* et des *laboureurs d'étoiles,* autrement dit des poésistes de la poésie. Leur marteau est sans maître, mais le mur est sans clou. La sclérose n'est pas dans le dogme, ainsi qu'ils le croient, elle est dans la poésie qui croit se libérer du dogme et retrouver l'immémoriale inspiration du mythe. La poésie des poètes est la religion à l'état gazeux, c'est-à-dire privée de toute la beauté et de la vérité *théologiques* qui sauvent depuis toujours la religion de la religion ; et, comme telle, elle masque toute réalité derrière les délayages de son faux paradis, ses yeux d'Elsa, ses ponts Mirabeau, ses soleils noirs, sa saison en enfer, son revolver à cheveux blancs, ses semelles de vent, son bateau ivre, ses cris en silence, ses murmures dans les flammes, ses lignes de crête et ses chemins de traverse.

La poésie des poètes ne se débarrasse du « carcan » des « Églises » que pour boire au goulot les plus noirs stéréotypes et les préjugés les plus faisandés du moderne fatal : l'ivresse divine, l'incendie des cœurs et autres âneries consistant à croire qu'on traverse les orages de la parole, qu'on prend la voie sauvage, qu'on cherche le langage à l'état natif, qu'on urgence, qu'on risque, qu'on démesure sans mesure, qu'on mage et remage, qu'on marge et remarge, qu'on abonde et surabonde, qu'on illuminations, qu'on liberté grande, qu'on capitale de la douleur, qu'on arcane 17, qu'on odes et ballades, qu'on amour fou, qu'on vienne la nuit sonne l'heure, qu'on obscur en pleine lumière, qu'on temps suspends ton vol, qu'on poisson soluble, qu'on pythie, qu'on médium, qu'on entrée des médiums, qu'on dada, qu'on ronron, qu'on gaga, qu'on toutout, qu'on lâchez tout, qu'on vraie vie est ailleurs, qu'on perte et fracas, qu'on Destruction sera ma Béatrice, qu'on clé des champs, qu'on vases communicants, qu'on filles du feu, qu'on clair de terre, qu'on légende des siècles, qu'on méditations, qu'on révolution, qu'on je est un autre, qu'on plénitude, qu'on finitude, qu'on authentique, qu'on autrement, qu'on différence, qu'on œil écoute, qu'on vie nouvelle, qu'on sécession merveilleuse, qu'on queue de comète, qu'on ombillic des limbes, qu'on dompte l'écume, qu'on ravage les astres et qu'on mange de la chair crue. Dans des livres-vertige, des livres-ferveur, des livres-fougue, des livres-risque, des livres-galop, des livres-fièvre, des livres-commotion, des livres-sortilège, des livres-souffle, des livres-vagabondage. Des livres normaux, en résumé. Et même triviaux. Le tout venant. Des livres comme il en goutte tous les jours du robinet. Des livres ou autre chose. Des livres qui sont toujours autre chose. Irrécupérables, flous, maudits, nus, décentrés, excentrés, hantés, absolus. Comme de bien entendu.

Je ne voulais surtout pas non plus, comme tant et tant de poètes depuis tant de catastrophiques années, effacer la différence entre vers et prose (on sait, de reste, que les effaceurs professionnels de différences sont les ennemis du genre humain, et appointés comme tels dans tous les domaines par une humanité qui est devenue depuis longtemps sa propre ennemie et ne subventionne que ceux qui la tuent). Au surplus, je n'entendais utiliser la versification, les rimes, le compte des syllabes, les alexandrins, les décasyllabes, les strophes, tout le vieil appareillage de la prosodie qu'afin de mettre ce dernier, une fois encore, au service de la déconsidération tranchante de la nouvelle humanité si évidemment satisfaite d'être ce qu'elle est devenue. Et faire, par cette opération, entrer la prose du monde actuel dans le vers. Et le vers dans le fruit pourri du genre de vie actuel. Et rendre ainsi le vers, mais de manière cette fois consciente et bénéfique, encore plus prosaïque qu'il ne l'avait jamais été (mais jusque-là sans le savoir) entre les mains de tant et tant de harpies harpistes dont le seul souvenir me décroche la mâchoire.

De sorte que je pourrais assez légitimement, m'adressant à la poésie, lui dire ce que Vautrin annonce à Lucien de Rubempré dans *Splendeurs et misères des courtisanes* :

« Quant à toi, mon petit, reprit-il après une pause en regardant Lucien, tu n'es plus assez poète pour te laisser aller à une nouvelle Coralie. Nous faisons de la prose. »

Cette « prose »-là est évidemment la seule poésie que j'envisage. De toutes les manières.

Il m'a suffi aussi de partir de ce que, par ailleurs, je m'étais efforcé de mettre en relief : qu'une nouvelle humanité était récemment apparue, qu'elle ne ressemblait à rien de ce qui avait pu être repéré jusqu'alors, et qu'il n'y avait donc pas non plus de poésie éternelle, pas davantage qu'il n'y a d'homme éternel, toutes choses dont ceux qui s'intitulent on ne sait trop pourquoi poètes ne se doutent même pas, ou sur quoi ils mentent et se mentent.

Mais il n'y a pas davantage de littérature éternelle, et rien dans celle du passé n'éclaire malheureusement plus les prodigieuses transformations du présent ; et c'est même lui faire injure, à cette littérature passée, que de s'y référer pour prétendre expliquer la tératologie carnavalesque de maintenant, car celle-ci n'est même plus la répétition parodique et théâtrale de la vie précédente. La tragédie qui ne se répète plus en farce laissse la place à la mascarade qui se répète en kermesse. Et il est indispensable de priver absolument et systématiquement l'époque de ce *référentiel littéraire* qui serait à son égard une manière de légitimation. Autrement dit : devant n'importe quelle idiote piercée, devant le drame de n'importe quel dégénéré en jean Diesel, devant n'importe quel abruti qui *refuse les marques,* devant le maniaque procédurier, devant la tarée *dérangeante* et *ludique* qui demande une loi pour *réprimer les inégalités liées à l'orientation sexuelle ou à l'identité de sexe ou de genre,* devant le militant antitabagique, devant le teufeur qui regrette que l'esprit de la *free* ne soit plus ce qu'il était, devant le persécuteur-né qui habille sa persécution de formules telles que *lutter contre toutes les formes de violence discriminatoire* et appelle à *produire une subversion des identités en déjouant ou refusant les normes du genre,* devant n'importe quel maître chanteur en série de la modernité, devant la maniaque de l'exhibitionnisme qui ne se montre que pour obliger les autres à se montrer, c'est-à-dire pour consolider une tyrannie de l'indiscrétion déjà partout à l'œuvre, devant le refondateur incapable et socialiste du club

Unir et Agir, devant le directeur de lieu, le raccommodeur de lien, le conteur urbain, l'écolo-warrior ou le responsable de patrouille juridique, et plus généralement devant toute personne se disant sans honte comme sans punition immédiate *artiste* (car l'ignominie de notre présent peut être résumée dans ce seul mot, et qui n'a pas compris cela peut tout de suite laisser tomber ce livre), enfin devant chacun des personnages du mélodrame contemporain, et devant tous les bouffons, devant tous les débâclés de la modernité, le premier qui cite Dostoïevski, Stendhal, Horace, Thucydide, Virgile, Tacite, Ézéchiel, Montaigne, les *Psaumes*, l'*Epistola de Tolerantia*, la grotte de Lascaux, le facteur Cheval, la Bhagavad-Gita, le *Catalogue des armes et cycles* ou celui d'Ikea, n'est rien d'autre qu'un malfaiteur ou un idiot utile chargé de masquer, à coups de références flatteuses, la très spéciale et piteuse et véritable trame de notre existence insensée.

La poésie des poètes est, depuis toujours, mais aujourd'hui plus que jamais, une conspiration contre l'intérêt que peut présenter la vie. Et même quand il s'agit de mener de cette dernière la critique la plus horrifiée, la vie garde un intérêt ; mais pas la poésie, en ce qu'elle n'a jamais pour but que de rendre la vie inintelligible, donc incriticable aussi. Ses simagrées sont un complot permanent au service de la non-compréhension des infinies subtilités que contient notre temps présent, pourtant si grossier également (mais insaisissable aussi, dans sa grossièreté, par la poésie des poètes). D'une certaine manière, parce qu'elle ne fait que chanter l'absence de l'irréductible, la disparition du non, la perte du négatif et de l'inimitié, ainsi que la dictature de l'infâme spontanéité et de l'authenticité qui ont toujours raison, la poésie des poètes est la fin de l'Histoire toujours déjà là ; et l'accord parfait avec ce qui est maintenant ou avec ce qui vient ; et il était logique que je m'attaque à cet élément parmi d'autres de l'ultime religion de l'humanité pour le faire servir à des buts contraires à ses intérêts immémoriaux ; et ainsi, littéralement, tirer les vers du nez à l'époque.

Moins qu'aucun autre art, le mensonge poétique n'est capable d'expliquer quoi que ce soit, à moins qu'on ne le *débauche*, comme je le fais, de la poésie même et de son fatras de servilité démente et atterrante, et pour ainsi dire congénitale, et qui surpasse tout, et qui le prédispose fort peu à la radicalité critique. Or, je voulais continuer avec fermeté, dans cette forme spéciale et récalcitrante, c'est-à-dire en utilisant d'autres procédés littéraires que ceux de l'essai ou du roman, la calomnie et la déconsidération complètes des données actuelles dont j'espère avoir offert déjà quelques exemples, et dont l'entreprise bien menée, en même temps qu'elle est une interrogation sur le propre de l'homme, constitue un programme d'investigation esthétique générale (et, par la même occasion, l'anéantissement de tous ces petits arrivistes énervés de la rébellion de troisième main, de ces minuscules cons transgresseurs de rien, de ces révolutionnaires impubères, de ces galopins non viables affamés de turpitudes inoffensives, de ces demandeurs d'emploi-subversion, de ces intermittents du cénacle, de tous ces terroristes de plateau télé, de tous ces pupilles de la Notion, si jeunes et déjà gâteux d'iconoclasme idéal, dont prolifèrent comme jamais les factums vantards).

On considère de manière habituelle, dans les sphères de l'approbation véhémente, que quiconque accable ce monde est à la recherche d'une « posture » apte à le désigner lui-même comme supérieur à ce qu'il accable, et à le faire remarquer parce qu'il se démarque. L'accusation d'« aristocratisme » n'est alors pas loin, et c'est à peu près la seule que trouvent les innombrables propagandistes de notre démocratie terminale, terreuse, terroriste. Je ne m'exclus ni ne me démarque de rien pour la bonne raison que cela serait impossible et futile : qui en aurait les moyens ? Il ne suffit pas, en effet, que l'univers concret actuel soit atroce, il faut encore que l'on y prenne part de toutes les manières, et même de l'intérieur de nous-mêmes, car cet univers concret actuel a ceci de propre que non seulement, comme les régimes les plus autoritaires d'antan, il veut une participation de tous, mais encore qu'il impose l'abdication par chacun de ses moindres réticences *intérieures*. Il s'emploie aussi à interdire toute fuite, non en emprisonnant les récalcitrants comme par le passé, mais en faisant en sorte qu'il n'y ait simplement plus d'extérieur où fuir, et cela sur aucun plan, dans aucun domaine.

C'est à ce moment précis où la distance elle-même est abolie que la moindre velléité de prendre ses distances, par la pensée au moins, et par l'écrit, et par l'art, devient un scandale et même une trahison. C'est que l'extrémisme de la bienveillance qui règne aujourd'hui est d'ordre maternel : il s'agit d'une dictature douce, ménagère, domestique, mais aussi chipoteuse, pointilleuse et procédurière, qui n'est essentiellement occupée qu'à lever peu à peu, sans le dire, par petits coups, par petits bouts, comme on frotte pour effacer une tache, l'interdit de l'inceste sur lequel était basé le « monde du père », c'est-à-dire celui des distances, des dehors, des fuites, des séparations et des démarquages (il n'y a jamais eu de père qu'en fuite, c'est-à-dire allant chercher des cigarettes et ne revenant pas ou revenant dix ans plus tard ; et le jour où le père a cessé de fumer, ce jour-là aussi il a cessé d'exister, c'est-à-dire de s'en aller, et il est vain de déplorer la « mort des pères », ce stéréotype des stéréotypes, si on ne déplore pas la fermeture des bureaux de tabac qui lui donnaient l'occasion de s'en aller, vers dix heures du soir, et de ne pas revenir). Il s'agit que ça ne sorte plus de la famille, de la nouvelle famille, et d'être content de cela. Dès 1991, j'avais établi que le Bien étendait sur la planète son Empire sans contrepartie ; et c'était la destruction de la *contrepartie* qui me paraissait, là-dedans, criminelle, et criminelle à un point qui n'avait jamais pu être observé jusque-là. Car le Bien sans contrepartie devient évidemment, et sur-le-champ, le Mal ; et si, comme le révèle Macbeth à sa femme en lui annonçant le meurtre de Banquo, « les choses que le mal a commencées se consolident par le mal », que dire de celles dont le Bien est l'initiateur ? Ce n'est pas, alors, dans cette configuration neuve, le crime qui entraîne le crime, selon le vieil adage connu, mais la bienfaisance devenue autonome et irresponsable. Et qui se donne aussi tous les droits, notamment celui de tuer n'importe qui n'importe où. Sur le théâtre le plus vaste, celui de la planète, l'actuelle décision américaine de remodelage guerrier par les droits de l'homme de tous les continents ne procède pas d'une autre logique. Et par-dessus le marché cet Empire, qui s'intitule « bienveillant » faute d'oser encore qualifier son despotisme d'« éclairé », a pour ressort de son action le principe de précaution (abattre tout danger avant qu'il n'existe), ce délire fondamentalement maternel. Au passage, l'Empire rend indispensable son existence et justifie sa présence universelle par ces grandes destructions qu'il mène au nom du Bien. Et qui resteront destructions.

C'est en étant lucide sur cette situation d'ensemble, et non en m'en imaginant exemptable si peu que ce soit, et encore moins en m'y croyant « supérieur », mais en pensant qu'il est possible de faire *apparaître* cette situation afin de l'empêcher de prospérer dans l'inconscience (car on ne prospère jamais que dans l'inconscience et par elle), que j'écris ce que j'écris et que je l'écris comme je l'écris. Ce nouveau monde qui nous entoure et nous pénètre est né d'hier, mais il a déjà sa panoplie de mots tout faits, de concepts domestiqués, de certitudes sacrées, de convictions qui vont de soi et de valeurs sur lesquelles il n'y a pas à revenir. Et cet état de choses, le nouveau monde exige avec lui, c'est le minimum, une complicité de fer. Mais c'est cette exigence précisément qui me semble devoir être combattue, au prix d'un long travail d'investigation artistique tendant à ce que l'on ne reconnaisse plus comme familier ce qui est monstrueux, ni comme existant de toute éternité ce qui vient à peine d'arriver et qui passe déjà, ou voudrait passer, pour naturel. On a écrit beaucoup de cosmogonies, dans la nuit des temps ; mais au point où nous en sommes, où le réel se confond avec le nouveau et où l'humain ne se distingue plus de sa métamorphose, c'est maintenant une *néogonie* complète et détaillée que réclame l'appréhension de notre temps de cyberténèbres. Et c'est, en somme, de cette néogonie que je crois pertinent de m'occuper. En prose ailleurs, ici en vers (et contre tous, cela va sans dire).

On a pu parfois trouver hasardeux mon emploi de la notion
de période post-historique pour désigner le temps où nous
sommes et les indéniables changements que nous traversons
sans fin. Il en est même qui considèrent encore cet emploi
comme une faiblesse ou une facilité. Ceux-là veulent bien
remarquer qu'un bouleversement sans exemple se déploie sous
nos yeux ; ils consentent même à le trouver horrifique dans la
majeure partie de ses effets ; mais ils poussent les hauts cris
lorsque l'hypothèse d'une fin de l'Histoire, et d'une fin de
l'Histoire particulièrement noire, est avancée. Ils font alors pré-
cipitamment observer que, si tout change, aucun des changements que l'on peut constater n'arrive sans prédécent, et que
tout ce qui est maintenant se trouvait aussi déjà là avant, du
moins en germe. Ce qui revient à cette lapalissade qu'une métamorphose s'opère toujours en empruntant à des éléments existants. Mais il n'en reste pas moins vrai que c'est une
métamorphose ; et qu'à un moment ou à un autre elle est
accomplie ou en bonne voie d'achèvement ; et qu'elle se voit
soudain. D'où cette notion de période post-historique dont je
persiste à avancer la proposition afin de faire sentir, de la
manière la plus brutale possible, une coupure ou une rupture
également générale et profonde que d'ailleurs n'importe qui
est à même de constater. Le sens des mots et des données se
transforme. Les visages et les comportements prennent des airs
qu'on ne leur soupçonnait pas la veille encore. Ce qui pouvait
être compris ne l'est plus, et ce qui apparaît ne se laisse com-
prendre que malaisément. Il y a du nouveau sous le soleil de
Satan ; et, de ce nouveau, il est permis et même recommandé
de ne pas se réjouir. Dans toutes ses parties, l'existence est en
proie à un bouleversement fondamental. Tandis qu'au-dessus
d'elle, dans les nuées, plane une idylle maternisante et désym-
bolisante, la nouvelle humanité, démarchée sans relâche par
les missionnaires du culte écologique-animalier, par les
membres de la secte pénalophile, par le club des joyeux créateurs de nouveaux délits, par les militants pour une délation
heureuse, par ceux de la victimomanie qui a toujours raison

contre la raison et par toutes les autres associations dont le nom est légion, célèbre la fin de la société du travail, la désexualisation des rapports humains et l'assomption des enfants, ces êtres sans histoire par définition, et aimés à la folie pour ce motif. Mais à part ça, bien entendu, l'Histoire continue.

Il est divertissant de voir tant de gens s'accrocher défensivement et peureusement à cette idée que l'Histoire continue quand ils ont tous les jours sous les yeux des populations dites « actives » qui, du moins en Occident, et tout le temps que leur activité dure, se considèrent en préretraite et n'agissent plus, ou ne croient plus agir, que lors de ces *journées d'action* si bien nommées qui ne se différencient du théâtre de rue qu'en ce qu'elles sont encore un peu moins saisonnières que lui (mais même cette différence est en voie de disparition). Au terme de la « lutte à mort pour la reconnaissance », l'esclave du mythe hégélien, l'homme qui avait eu peur de risquer sa vie et avait préféré la conserver en perdant la liberté, était aussi celui qui, travaillant, transformait le monde et, par cette transformation, commençait puis faisait l'Histoire, alors même que le maître, se bornant à consommer le monde et à en jouir, sortait de l'Histoire. Ce « maître », disparu dans sa forme première, réapparaît de nos jours sous un aspect d'autant plus nouveau qu'il s'est multiplié à l'infini. Passé au stade de masse, il est aujourd'hui devenu n'importe lequel d'entre nous, et on ne voit plus que lui, adonné à cette morne jouissance du monde et à cette consommation passive qui étaient le propre de l'ancien maître, mais qui se réalisent à présent dans le tourisme, autre nom de la passion de la mort, par laquelle s'éprouve la disparition de l'Histoire. Et c'est alors qu'à la « lutte à mort » se substituent, pour finir, les « journées de lutte », lesquelles conservent à l'idée de lutte un semblant de survie *post mortem.* « Je ne veux pas mourir la craie à la main », hurlait il y a quelque temps un professeur qui processionnait et protestationnait précisément contre la réforme des retraites. Et ce cri du cœur semblait devenir celui de toute l'époque. L'idéal de ne pas mourir la craie à la main, mais sans doute plutôt sur une planche à voile, ou

encore avec des grosses chaussures de marche et un sac à dos
sur un chemin de grande randonnée de Dalmatie, est une de
ces caractéristiques où se reconnaît, sinon la fin, du moins le
dénouement de quelque chose ; et si ce n'est pas celui de
l'Histoire c'est peut-être, tout simplement, celui de *la vie néces-*
*saire.* Mais une telle réalité peut être camouflée durablement et
de diverses manières, notamment par ce *lyrisme de la procréation*
qui est une des marques les plus frappantes et les moins étu-
diées de notre époque : l'Espèce s'y égosille sans relâche à faire
savoir qu'elle continue, de façon à faire croire aussi qu'elle
s'identifie avec l'Histoire. Certes, quelques angoisses accom-
pagnent cette merveilleuse prolifération d'armes de repro-
duction massive. Les gens se lamentent, par exemple, de ce
que, pour la première fois depuis très longtemps, leurs enfants
vivront plus mal qu'eux-mêmes (mais ils ne voient pas l'autre
aspect des choses, qui pourtant devrait leur mettre du baume
au cœur : leurs enfants, pour la première fois aussi depuis bien
longtemps, seront pires qu'eux ; et ceci ne compense-t-il pas
amplement cela ?). Ils ne voient aucun inconvénient, en
revanche, à faire la queue devant des restaurants toujours plus
détestables et à hésiter entre des menus plus insensés les uns
que les autres ; aux beaux jours, ils acceptent de dîner sur des
trottoirs qu'ils appellent terrasses, entre des crachats, des pics
d'ozone et des pots d'échappement ; ils s'habillent comme les
escrocs de la fripe le leur commandent ; ils prennent avec
enthousiasme pour une plage les tunnels puant l'urine et le
gaz carbonique que les aigrefins de la Mairie de Paris nomment ainsi pour leur bonheur. Ici, donc, commence le reste ;
ou, comme on dit familièrement, le rab ; lequel peut durer
longtemps, très longtemps (mais est aussi un *luxe*), dans une
sorte d'implosion sans fin. Et que puis-je pour qui ne sent pas
cela ?

    Il y a bien sûr, et afin de répondre à une autre objection
banale, encore de doux moments en cette vie, des instants
d'amour, de joie ou de plaisir, et même tout cela ensemble, et
je suis moins que personne enclin à les oublier ; mais je m'en

occuperai de nouveau lorsque j'aurai compris comment et pourquoi quelqu'un peut consacrer son existence, pour ne prendre que cet autre exemple entre mille, à *la défense des droits existants, à la lutte pour leur application,* à *la vigilance sur les régressions qui les menacent* et à *la revendication de nouvelles libertés* ; et comment on peut écrire cela et n'écrire que cela ; et comment on peut le penser et ne penser que cela ; et comment il advient que l'on en soit heureux ou fier ; et pourquoi je suis le contemporain de cet extrême malheur subjectif étalé au grand jour. La compréhension de tels phénomènes est la raison même pour laquelle l'art peut être continué malgré tout (et continué d'abord contre l'immense population, sans cesse en accroissement, des professionnels de l'art). Il n'y en a, en tout cas, pas de meilleure ; et sans doute n'y en a-t-il plus d'autre. Mais elle prend forcément la voie de cette poésie anti-poétique dont je suis en train de faire l'éloge et qui déclenchera certainement quelques indignations. Et même ceux qui affirment m'apprécier en prose, quoique généralement avec de délicates restrictions, éprouveront peut-être une certaine colère de ce que je dis d'une poésie où ils mettent platoniquement une grande part de leur complaisance, et plus encore de la façon dont je m'en sers pour dénigrer aussi ce qu'ils regardent encore comme des jolies choses. Mais on gagne toujours beaucoup, de toute façon, à ne pas essayer de sauver les meubles.

Par ailleurs, me voyant faire une poésie qui ne ressemble guère à la poésie des poètes, et qui n'a aucune visée poétique, peut-être s'apercevra-t-on néanmoins que j'ai aussi fait une prose qui se différencie grandement de toutes celles existant à la même époque, et qui, de toute façon, ne sous-entend pas l'ambition de devenir un fonctionnaire, petit ou grand, de la pensée. Il s'agit plutôt, dans tous les cas, d'aggraver mon cas. Même si ce n'est pas ma préoccupation première, je dois reconnaître, avec le recul, que je m'y suis consacré aussi. En prose et maintenant en vers.

C'est qu'il me semblait qu'il était temps de pousser l'analyse de la société moderne en usant de ce genre qui ne cesse habituellement d'être contemplatif et confusionniste que pour se livrer à d'oiseuses génuflexions qui portent les noms d'« éloge » de « célébration », de « panégyrique », d'« action de grâces » ou de « dithyrambe » ; et de frapper à nouveau de suspicion radicale l'ensemble des conditions d'existence, mais avec les moyens de la versification qui n'avaient jusqu'à moi servi, au contraire, qu'à tresser des louanges, qu'à noyer le poisson ou à célébrer l'inéluctable. Quand la dévotion marche sur six pieds, sur huit ou sur douze, et qu'on la voit confite dans le mensonge flou de l'adoration de la modernité moisie (et rien ne sent plus le moisi définitif que le moderne, et il faut être bête comme un progressiste agonisant pour ne pas le savoir), et dans l'illusion de la « communion », c'est au bordel de la vérité qu'il faut emmener toute cette bigoterie.

Dans cette perspective, une fois encore, il me fallait jouer la poésie contre la poésie. Utiliser la poésie contre la poésie. La retourner contre elle-même, me servir de la forme poétique contre l'hypothèse poétique, dresser la versification contre ce qu'elle contient d'ordinaire, et depuis des siècles, en toute impunité, et qui est lamentable. Il me fallait utiliser la structure poétique contre les millénaires poétiques. Jeter la toile pitoyable, conserver le cadre et y mettre autre chose. Arracher leur lyre à tous les demeurés qui se prennent pour Orphée aux Enfers. Un immense événement avait eu lieu, ces derniers temps : celui de l'arrivée, autour de nous et en nous, d'un nouveau réel ; et la poésie est ce qui a toujours nourri un ressentiment essentiel envers le monde réel, quelle que soit l'époque, quels que soient les visages du monde réel ou sa consistance (ou sa réalité), et les manières de vivre que celui-ci entraînait. Il me fallait entreprendre de recycler la poésie, qui est par définition méconnaissance satisfaite d'elle-même, sans jamais avoir le charme de la futilité, en méthode de connaissance extrême de la réalité, de cette réalité-ci. Il me fallait dépayser radicalement la poésie en la faisant travailler contre ses propres intérêts. Il me fallait considérer que les *opinions* intrinsèques, implicites et toujours malheureuses de la poésie ne comptaient pas ; et que je n'avais pas à les écouter. Je ne voulais pas laisser à la poésie des poètes le choix de m'entraîner dans ses insignifiances prévues de si longue date, dans son paradis de rodomontades ou dans ces limbes qu'ils appellent fastidieusement « musique ». J'avais un autre projet pour la poésie. J'avais décidé de lui faire versifier à mort le réel nouveau. Et les quelques échantillons qui suivent ne sont, dans cette perspective, qu'un commencement.

Le respect de la poésie en tant que genre était bien le dernier de mes soucis. Et la peur d'être accusé par quelques ineptes de faire de la « poésie à thèse » était la dernière de mes hantises. D'une manière générale, ceux qui stigmatisent la littérature « à thèse » ne le font que lorsqu'ils y reniflent des appréciations qui leur paraissent hostiles à leurs intérêts. En tout cas, ils ne le font jamais que dans cette circonstance, et c'est d'ailleurs ce qu'exprimait Borgès il y a déjà longtemps : « Ceux qui déclarent que l'art ne doit professer aucune doctrine entendent ordinairement par là aucune doctrine opposée à la leur. » La débâcle totale du moderne modernant est cette doctrine qui ne supporte aucune « idée », aucune « thèse » qui pourraient lui sembler contraires. Car la débâcle totale du moderne modernant est bel et bien une doctrine, mais seulement en tant que débâcle.

Il m'importait, en revanche, d'administrer la preuve que, débarrassée de toutes ses routines et complaisances, la poésie n'était plus, par essence, inapte à intégrer des expressions infernales telles qu'« espace bébé », « recommandations de Bruxelles », « congé parental », « principe de précaution », « conseil en publicité », « accès handicapés », « parité », « implants en titane », « partage des tâches ménagères », etc. ; ni même de pathétiques obscénités comme les noms de Vivendi, Ségolène Royal, Del Ponte ou Bertrand Delanoë. Toutes ces expressions, montées d'enfers récents, et ces obscénités irrespirables qui peuplent l'étrange langue de l'époque, gagnèrent même beaucoup à se retrouver, cette fois, négativées dans des alexandrins ou des octosyllabes. Ces abus officiels et ces offenses onomastiques persistantes y revêtirent sans conteste une luminosité comique dont aucune prose n'aurait pu, en cette occasion précise, rendre les effets.

C'est que j'ai su, au moins, acculer la poésie au dénuement poétique le plus sévère, sans lequel elle est immangeable ; et, sur ce chapitre, nul n'a jamais mieux statué que Gombrowicz, dont il faudrait citer toute la conférence, et d'abord pour la raison qu'il casse le morceau d'emblée, qu'il révèle d'entrée de jeu l'infamie du secret pour ainsi dire familial qui entoure l'horreur poétique, ce cadavre dans le placard de la littérature : « Presque personne n'aime les vers, et le monde des vers est fictif et faux », déclare-t-il ainsi pour commencer. Puis il poursuit : « Ce que ma nature supporte difficilement, c'est l'extrait pharmaceutique et épuré qu'on appelle " poésie pure " surtout lorsqu'elle est en vers. » Et pourquoi n'aime-t-il pas la poésie, Gombrowicz, lorsqu'elle n'est pas mêlée à d'autres éléments prosaïques ? « Pour les mêmes raisons que je n'aime pas le sucre " pur ". Le sucre est délicieux lorsqu'on le prend dans du café, mais personne ne mangerait une assiette de sucre : ce serait trop. Et en poésie, l'excès fatigue : excès de poésie, excès de mots poétiques, excès de métaphores, excès de noblesse, excès d'épuration et de condensation qui assimilent le vers à un produit chimique. »

Je ne me lasserais pas de citer ce décisif Gombrowicz, et d'ailleurs je vais le faire encore : « On a beau dire que l'art est une sorte de clef, que l'art de la poésie consiste à obtenir une infinité de nuances à partir d'un petit nombre d'éléments, de tels arguments ne cachent pas ce phénomène essentiel : comme n'importe quelle machine, la machine à faire des vers, au lieu de servir son maître, devient une fin en soi. Réagir contre cet état de choses apparaît plus justifié encore que dans d'autres domaines, parce que nous nous trouvons sur le terrain de l'humanisme " par excellence ". Il y a deux formes fondamentales d'humanisme diamétralement opposées : l'une que nous pourrions appeler " religieuse " et qui met l'homme à genoux devant l'œuvre culturelle de l'humanité, et l'autre, laïque, qui tente de récupérer la souveraineté de l'homme face à ses dieux et à ses muses. » Et enfin ceci, qui ne manque pas non plus d'importance : « Les poètes écrivent pour les poètes. Les poètes se couvrent mutuellement d'éloges et se rendent mutuellement hommage. Les poètes saluent leur propre travail et tout ce monde ressemble beaucoup à tous les mondes spécialisés et hermétiques qui divisent la société contemporaine. »

Manifester une extrême horreur de ce *communautarisme poétique* faisait évidemment aussi partie de mon programme ; mais de manière subsidiaire.

Ceux qui voudraient m'enfermer dans les atterrants débats du moment, où l'on pèse le contre et le pour, où l'on se demande qui est réactionnaire de cinq à sept et qui ne l'est pas quand on le voit de dos, où l'on juge qui est intrinsèquement ou nécessairement subversif, où l'on s'interroge sur le destin de la démocratie terminale ou sur celui de la sexualité des jeunes Occidentaux du post-Occident, où l'on discute gravement de la vieille Europe et du Nouveau Monde et des lendemains de l'art sans avenir dénommé création contemporaine ou spectacle vivant pour n'avoir plus à y revenir, parlent déjà de « potacheries » ou de « pitreries outrancières » à propos des quelques vers de moi qu'ils ont pu entrevoir ici ou là dans des revues. Et, même, les plus favorables s'inquiètent de ce que je quitte ainsi la grand-route de la pensée ennuyeuse, globale, générale, asexuée et préfabriquée, qu'elle soit mal ou bien-pensante. Mais c'est que, cette route, moi, je ne l'avais jamais vraiment prise. J'ai même toujours apporté le plus grand soin, chaque fois que je traitais un sujet du jour, à le dénaturer de toutes les manières possibles, par tous les procédés rhétoriques et par toutes les ressources de la pensée que j'avais à ma disposition, et d'abord en n'employant jamais sans réserves visibles l'affreux langage préexistant autour duquel s'accordent les médiatiques ainsi que les intellectuels pressés de se faire entendre de si désirables abrutis qu'ils acceptent comme interlocuteurs pour entendre confirmer par eux leur très relative éminence.

Je n'ai jamais été d'accord, même sur les plus pauvres, même sur les plus banals des mots que tous ceux-là emploient de conserve et qui sont proposés comme base des débats ; et je crois qu'aucune complicité, aucun relâchement dans ce domaine, aucune *complaisance* comme ils aiment tant dire quand il s'agit de complaisances qui ne sont pas tournées vers eux (et alors même qu'il n'existe qu'une seule complaisance criminelle : leur parler) ne peuvent être retenus contre moi. La situation est neuve, il faut que les sensations le soient également ; et c'est en vertu de ce constat que j'ai toujours cherché à inventer ou à réinventer ce dont je traitais, même si j'ai pu donner l'impression parfois que je traitais de la même chose que d'autres. Je me suis efforcé d'inventer ou de réinventer ce sur quoi j'avais à épiloguer, et je continuerai à le faire, car c'est un premier plaisir de ne jamais parler exactement la langue de la perversion maternelle dominante (encore appelée mère-version), de sorte qu'elle n'y retrouve jamais ses petits (et il me semble que c'est bien le moins que l'on puisse attendre d'une pensée par temps de domination moderniste-materniste). Et c'est aussi pourquoi je n'ai guère perdu de temps, depuis de longues années, avec tous ceux qui trouvaient encore quelque chose de bon dans l'époque présente, ou qui voulaient candidement l'améliorer, ou qui espéraient encore espérer, et encore moins avec ceux qui s'évertuaient à composer avec quoi que ce soit, et surtout avec qui que ce soit, et même autour d'un mot sur lequel on pourrait s'accorder pour se quereller. Aucun d'entre eux, de toute façon, ne savait rire ; et le rire est le peu qui reste de l'ancienne négativité à présent cernée de toutes parts par le nouveau réel qui ne veut pas se laisser voir et commence par faire croire, comme le diable de jadis, qu'il n'existe pas. L'éloignement de ce monde infiniment coupable débute par le refus d'user des vocables qu'il propose pour ne pas se faire connaître. Et, quand l'on en use tout de même, de ces vocables, il faut les traîner dans le rire pour les débarrasser de la boue et de la rouille qui sont les marques dégoûtantes de leur origine contemporaine.

Ce n'est pas que je pense à proprement parler que c'était mieux « avant », comme les salopards en accusent ceux qu'ils appellent, dans leur patois, des « nostalgiques » ; je sais que *c'était mieux toujours* ; car c'est ce toujours en perpétuel devenir qui a disparu, et le présent ou l'avenir ne sont plus aucunement en relation avec lui. De sorte que c'est cette disparition d'une relation si fondamentale qui est intéressante ; et que les salopards susdits ne sont que les mercenaires payés pour qu'on ne s'interroge pas sur cette disparition.

Ces aplatis du bulbe vous expliquent par exemple sans rire, et tous les jours, que l'*individu vieillissant* présente une tendance à déformer ses souvenirs d'enfance, à survaloriser le passé et tout ce qui s'y rapporte au détriment du présent, et à reconnaître dans des époques révolues son rêve d'âge d'or. Mais s'il est, d'une part, assez ignoblement *contemporain* de voir les morts-vivants de la cyber-crapulerie quotidienne abaisser ainsi, et sans recevoir de claques, des sentiments si banalement, si simplement humains, il est d'autre part divertissant (sans cesser d'être odieux) de voir ces mêmes morts-vivants mettre en procès ceux qui résistent à un « progrès » qui n'est que celui de leur propre charogne ; et leur reprocher de se cramponner à un *ordre révolu*, ou de s'opposer en vain au *changement*, quand ils n'ont que le malheur de se rendre compte que ces morts-vivants ne sentent pas bon du tout (et parfois aussi, il est vrai, de le faire remarquer).

Les modernes ne manquent jamais d'être autoritaires. Ils donnent des ordres à tout le monde. Ils entendent faire la pluie et le beau temps par tous les temps et menacent ceux qui regimbent. Pour finir, ils en appellent contre les récalcitrants aux forces toujours changeantes et toujours semblables de la répression, et leur suggèrent de sévir. Tout cela ne date pas d'hier. Sans remonter à la plus haute antiquité, le moderne en tant que chantage a tout de même quelques antécédents. On se souvient peut-être que déjà, dans la fameuse querelle dite des Anciens et des Modernes, quand les modernes défendaient pompeusement et pieusement *Le Grand Cyrus* et *La Pucelle* contre *L'Iliade* et *L'Énéide*, c'est-à-dire des ouvrages ouvertement ridicules (l'équivalent de Christine Angot ou de n'importe quel encenseur de Teknival) mais considérés alors comme progressistes contre des épopées antiques, ils en appelaient aussi, contre leurs adversaires, à la grandeur de la monarchie de Louis XIV, c'est-à-dire à l'autorité suprême d'alors, pour *prouver par les faits* la supériorité des œuvres qui se produisaient sous cette monarchie, et suggérer que ceux qui ne s'inclinaient pas devant les beautés du *Grand Cyrus* ne reconnaissaient pas non plus l'éclat du souverain. Comme tous les modernes de tous les temps, ils étaient du côté du manche ; et du côté du chantage ; et du côté de l'appel lâche à la force du moment (à cette différence près que la force, aujourd'hui, se veut « rebelle » et qu'elle se reconnaît aisément aux *hauts cris minoritaires* dont elle assomme en permanence et partout le monde). Mais c'est Boileau finalement, défenseur des anciens, qui faisait aussi l'éloge de Racine, de La Bruyère ou de Molière contre les œuvres absurdes de Madame de Scudéry et de Chapelain. C'est lui, donc, qui ne se trompait pas puisqu'il était, comme tout esprit supportable à toute époque, un *moderne anti-moderne*. Il est vrai aussi qu'il savait rire, à la différence notable de ses adversaires, et qu'il ne fit que cela, au fond, de *Satires* en *Épîtres*, avec des fortunes diverses.

Écrivant des essais, je ne poursuivais aucun but essayistique ; et il est bien certain qu'écrivant des poèmes je n'ai poursuivi aucun but poétique. Imaginer le contraire serait me faire injure ; mais je suis convaincu que, là-dessus au moins, nous serons d'accord. Mes « pitreries outrancières » me protègent de la misère poétique néo-monacale devant laquelle se prosternent ceux qui les dénoncent avec tant d'indignation. Si morte qu'elle soit, la poésie continue à être révérée pour l'ineffable roucoulant qu'elle a toujours porté en elle. On sait bien qu'elle a disparu, mais on veut toujours croire qu'elle est encore gâteuse. Ce qui serait une sorte d'espérance. Mais quand la poésie a-t-elle été *vivante* ? À l'époque des bardes, peut-être, autrement dit quand ça bardait ? Cet heureux temps n'est plus depuis des temps immémoriaux. La poésie n'est lue par personne, mais elle est respectée de tous ; et moi, parce que je me souciais très modérément d'être respecté de gens si peu respectables, j'ambitionnais que mes vers, déshabillés de la prétention poétique, et, en somme, nus comme des vers, seraient lus par tous.

Il va sans dire, mais mieux vaut le dire et le redire encore, que je me fous monumentalement des prétendus pouvoirs d'incantation immémoriaux de la poésie, et de ses capacités mystérieuses à ouvrir dans la langue sacro-sainte je ne sais quelles plaies par lesquelles le monde se ferait entrevoir comme un indicible encore plus indicible que ce que l'on ne croyait même plus possible de concevoir (je me moque encore plus éperdument de la prétention des poètes avant-gardistes d'hier ou d'avant-hier qui annonçaient tous les matins la disparition de la poésie dans l'explosion de la langue ; notre univers, depuis, a explosé d'une bien autre façon et n'a pas laissé la moindre miette de leurs explosions). Ce monde est au contraire parfaitement dicible, il l'est même enfantinement, à la seule condition de n'en penser jamais aucun bien, et de n'en avoir pratiquement jamais pensé que du mal ; et de savoir que la pensée digne de ce nom, dans un si vaste domaine, ne peut plus emprunter que la voie de l'injure publique.

Les poètes de la poésie, par-dessus le marché, ont si bien répandu leur acharnement comateux dans toute la société qu'attaquer ceux-là revient à dénigrer celle-ci. Et réciproquement. Ce qui représente, en un sens, une économie dans l'ordre du dénigrement ou de l'attaque. On fait d'une pierre deux morts. Vaincue sur le papier, oubliée, ridiculisée, la poésie n'est plus ailleurs que partout. Sa vraie vie est ici, ce nulle part sans nom. La poésie ne se limite plus à ce qu'en font les maniaques du quatrain et les charlatans de l'assonance ou de l'hémistiche. Ce qui était d'abord resté concentré dans des formes s'en est libéré. La poésie, aujourd'hui, fait le trottoir et bat la campagne dans les villes de la résignation contemporaine enthousiasmée, où ce ne sont plus que lâchers de violons, essaims d'art, ruches pluridisciplinaires, descentes en piqué de réciteurs d'odes dans les supermarchés, interventions chorégraphiques en milieu rural, reconversions de friches en zones expérientielles, et autres exactions commises par des *nourrisseurs de rêve* et des *acteurs de l'éphémère* autoproclamés qui vous jettent des malédictions et prédisent que vous mourrez *dans l'ignorance* si vous leur flanquez simplement un coup de pied au cul. Ainsi la poésie des poètes, qui jusqu'alors n'avait jamais pu faire que l'essai de sa malfaisance, en a maintenant l'usage universel. Elle n'est plus que l'autre nom de l'urbanisme, dont le déconstructionnisme fait rage. Sa toute-puissance se voit à ce qu'elle s'affirme, sans être jamais contredite par un seul éclat de rire, en mesure de *satisfaire les attentes de la société réelle* et d'*enrichir l'espace public* qui, sans elle, frôlerait la paupérisation et risquerait même de se stériliser. La poésie des poètes est partout, et c'est pourquoi partout est devenu si désespérément laid. Et rebelle. Et contre. Et décalé. Et moderne. À force de mariner dans l'impossibilité d'écrire, les poètes de la poésie ont fini par rendre la vie impossible à vivre. Ils travaillent les rues comme on travaillait le texte, et avec autant de persévérance mauvaise. Les vieilles barbes de la poésie ont peut-être perdu leur cafardeux combat dans la littérature, mais ils l'ont gagné dans des quartiers piétonniers structurés comme le *Coup de dés*, où la fête ne s'oppose plus aucunement à la vie quotidienne et que sillonnent des piétonistes et des rolleriens visiblement *déchus de leur rationalité*. Il a suffi que leur maniaquerie rencontre une démence plus jeune et plus fraîche, celle du droit de tous à l'expression de n'importe quoi et à l'assouvissement de n'importe quelle fantaisie, pour que, d'un tel mariage, naisse ce fantastique crétinisme tambourinant qui rythme nos existences dévastées et par où l'on voit et entend chaque jour sévir un poésisme de troupeau. C'est de cette manière que l'on peut adhérer à l'idée que la poésie, contrairement à ce que l'on croit, concerne désormais chacun d'entre nous. Elle est même devenue un pseudonyme essentiel de notre malheur commun. Ce qui n'est plus lu par personne est vécu par tous. De force ;

mais la plupart font semblant d'avoir voulu ce qu'on leur propose parce qu'ils ne voient pas qu'on le leur impose.

Écrivant des poèmes, je ne me suis fixé qu'une méthode, et
celle-ci peut se résumer par le détournement d'une maxime
fameuse : sur les infatigables inventions criminelles de la
modernité, faisons des vers anciens. Ainsi m'a-t-il été possible
d'envisager de poursuivre, par là également, cette psychopa-
thologie de la nouvelle vie quotidienne qui est l'un de mes buts,
mais pas le seul ; et considérer *Minimum respect* comme le pro-
longement légitime d'*On ferme*, des *Exorcismes* et des *Après
l'Histoire*. Ma poésie, de ce point de vue, n'est que ma prose
continuée par d'autres moyens. Et même aggravée, au moins
autant que les phénomènes auxquels je me suis attaqué depuis
quelque temps, et que l'on voit se développer un peu plus
chaque jour avec une pétulance proprement cancéreuse.

C'est d'ailleurs en février 2000, tout de suite après en avoir
terminé avec la révision d'*Après l'Histoire II*, que je me suis mis
à écrire quelques-uns des poèmes qui figurent dans ce recueil,
à commencer par le tout premier qui, comme on pouvait s'y
attendre, s'intitule *Et après ?* Il m'apparaissait bien, avec mes
plus récents travaux, que tout n'était pas écrit, qu'on pouvait
encore trouver et dire pire, et encore plus amusant ; et aussi
que cette activité poétique, la plus éloignée de tout ce que
j'avais pu faire jusqu'alors et, du moins en apparence, la plus
contraire à mes goûts, donc aussi la plus intéressante à prati-
quer, pourrait me permettre d'aller plus loin et surtout plus
violemment dans les voies que je m'étais tracées, ne serait-ce
que parce qu'en utilisant ce moyen je me contrariais aussi, et,
d'une certaine façon, *secondais le monde*, ce monde auquel l'art
poétique s'identifie si étroitement qu'il ne s'en distingue plus
qu'à peine. Par-dessus tout, sur la réalité qu'ils ne savent pas
voir, je voulais essayer d'écrire la poésie qu'ils ne savent pas
faire.

Le vers de mirliton, dans cette perspective destructrice (mais
il ne s'agit jamais que de détruire les destructions des progressistes et plus généralement de ce que l'on appelle depuis trop

longtemps maintenant le monde moderne), est très efficace et je l'apprécie au moins autant que Céline cette « bonne rémoulade foraine », cette « bonne gigoterie pianotée » qu'il entendait dans la plainte enchantée, dans l'allégresse claudicante de l'orgue de barbarie. Si décrié, si calomnié (parce qu'il n'est pas sérieux, parce qu'il est populaire et peut-être même populiste), le vers de mirliton, cette vigoureuse et obsédante *ritournelle d'en bas*, se révèle d'une très grande virulence pour entraîner au tombeau, avec toute la gaieté requise, les pompeuses formes funèbres de la morale contemporaine et tout le système de valeurs tolérantistes, paritaires, échangistes, libre-échangistes, solidaristes et multiculturelles, mais toujours surveillantes, nivelantes et vigilantes, comme les grenouilles de bénitier qu'elles sont, qui pèsent leur poids de mort et de préjugés sur ce qui reste encore de la vie, et qui ne perdurent que parce qu'elles ont réussi jusqu'à présent à ne pas se laisser définir comme un ordre moral, comme l'ordre moral le plus odieux de tous les ordres moraux qui aient jamais courbé l'humanité. Leur origine *de gauche* les protège encore insupportablement de la débâcle qu'elles méritent et qu'elles subiront, qu'elles sont déjà en train de commencer à subir, du moins dans l'ordre superficiel de la politique, car il est rien moins que certain que le processus de fond dans lequel est entraînée toute l'humanité occidentale actuelle (pour résumer encore une fois : remplacement de la loi du Père par le commandement maternel de l'inceste entraînant une destructuration du symbolique sans précédent, accompagnée d'un fusionnisme totalitaire qui conduit à une dépossession si cruelle et si généralisée que l'horreur qui en découle, impossible désormais à exprimer dans le Volapük stellaire de la mystification modernophile, ne peut se traduire que par une armada de phobies) soit si peu que ce soit démantelable ; sauf peut-être, répétons-le, par ce rire que comporte nécessairement la mirlitonerie, et qui révulse toujours de manière si réjouissante les matrones dominantes de l'Empire materniste. Elles n'ont jamais aimé que l'on confirme à leur dépens le proverbe bien connu selon lequel *le poisson sourit par la tête*.

Car, si curieux que cela paraisse, la poésie a un rire à elle, un rire spécifique et qui ne s'entend que là : c'est celui précisément du mirlitonage, qui est à la poésie ce qu'à la peinture est la caricature, dont Baudelaire disait qu'elle excitait en l'homme « une hilarité immortelle et incorrigible ». Le rire humain, pour continuer avec Baudelaire, est « intimement lié à l'accident d'une chute ancienne » ; et il va de soi que ce terme de « chute » doit être entendu dans tous les sens, jusques et y compris celui qu'évoque la première expulsion du premier Jardin. Blaise Pascal, traitant du même sujet dans la onzième de ses *Provinciales*, confirme et précise que le premier rire à avoir retenti est celui de Dieu dans le Jardin d'Éden lorsqu'il s'est moqué de la prétention de l'homme à devenir lui-même un dieu. En punition de quoi, ajoute-t-il, il l'a rendu mortel puis, l'ayant réduit à cette lamentable condition, s'est moqué de lui, disant : *Ecce Adam quasi unus ex nobis* (Voilà l'homme qui est devenu comme l'un de nous). « Ce qui est, commente Pascal, une ironie sanglante et sensible dont Dieu le piquait vivement. » Il n'y a plus de monde des dieux auquel on pourrait accéder par l'art, mais il y en a un des démons, plus concrètement actif que jamais, et on peut lui donner l'assaut par la caricature, et, par là, le piquer vivement d'une ironie sanglante et sensible (et d'une hilarité immortelle et incorrigible). À peine est-il besoin, d'ailleurs, d'outrer le trait pour atteindre la ressemblance, tant l'univers contemporain met d'enthousiasme dans ses prétentions démentes, et de minutie dans ses Marches assourdissantes de la fierté immotivée, et de rage à se caricaturer lui-même et à se trouver de plus en plus plaisant.

Mais plus il se plaît et moins il plaisante. Le rire ne fait pas bon ménage avec le contentement de soi ; ni le narcissisme avec le sourire ; ni l'exhibitionnisme avec la conscience du risible que celui-ci comporte toujours. Tant de néo-Joseph Prudhomme se vantent d'avoir sexuellement plusieurs *longueurs d'avance* sur les *codes dominants de la sexualité*, quand ils sont incapables de la moindre *saillie* ; et ils n'ont d'avance que par cette incapacité. On ne peut pas en même temps se rengorger et rire à gorge déployée. Et il est impossible de se pavaner tout en se pâmant. Ou d'être ridicule par sa suffisance et d'avoir le sens du ridicule. Les véritables dominants, qui se remarquent parce qu'ils disent éternellement qu'ils sont minoritaires, se reconnaissent surtout en cela qu'ils sont des polichinelles tristes et méchants. On compte aujourd'hui leurs *conquêtes*. On admire leurs *avancées*. Elles ne s'effectuent qu'au fur et à mesure que la vie recule. Et cette situation contient les éléments qui les condamnent. Ils ne sont plus qu'une innovation qui prépare son autosuppression, si lointaine soit-elle.

Baudelaire parle encore, à propos de la caricature, de « la prodigieuse bonne humeur poétique nécessaire au vrai grotesque ». Il est possible de supposer que cette prodigieuse bonne humeur poétique a été celle de Dieu lorsqu'il s'est moqué de l'homme qui se prenait pour un dieu alors même que Dieu venait de lui faire la mauvaise farce de le rendre mortel. Certes, Dieu est mort ; mais il ne l'est que dans cette partie-ci du monde où, en somme, il lui arrivait assez souvent de rire (et c'est pour ne plus l'entendre rire qu'il a fallu le tuer, ou croire dur comme fer qu'on l'avait tué, et l'on peut même dire que toute l'Histoire occidentale depuis la Renaissance est la mise à mort du rire de Dieu). Mais la « mondialisation » comme on l'appelle nous révèle chaque jour davantage qu'il n'est mort que là, et que partout ailleurs il vit *et ne rit pas*. Du tout du tout. De sorte que faire entendre le rire de Dieu, détaché des conditions dans lesquelles il retentissait jusqu'à la mort de Dieu, devient en même temps, d'un côté, la réfutation du Dieu qui ne rit pas *là-bas* et, de l'autre, la déconsidération d'une humanité qui, *ici*, plus fière que jamais d'elle-même, est aussi chaque jour plus hilarante et ne rit pas non plus.

Ces deux mouvements contiennent le dépassement de toute la désolation actuelle, et même son au-delà. Et ils se font voir, en l'occurrence, dans l'usage particulier de ce que les incapables appellent avec mépris le vers de mirliton (mais il est agréable, on ne le dira jamais assez, d'avoir dans son camp le mépris des incapables) et qui n'est que l'exercice retrouvé et renouvelé de la négation inséparable de toute connaissance (négation que Baudelaire appelait en son temps, et avec raison, *bonne humeur*) comme de tout réalisme. Jusqu'à présent, les poètes n'ont fait que poétifier le monde, il faut maintenant le mirlitoner.

L'originalité de notre époque, et ce qui fait qu'elle ne ressemble à aucune autre, vient de ce que la négation, c'est-à-dire la création, doit s'y exercer contre les innovateurs et les créateurs autoproclamés, et n'a plus à se soucier de rien d'autre. Ce sont eux qu'il faut noyer sous le Déluge du rire, et sous un comique de haute précision (car il n'y a rien de plus précis et de plus concret que le comique ; c'est même là, et là seulement, que l'univers matériel actuel peut être détaillé dans l'incohérence de tous ses éléments). Et il est possible d'entreprendre aussi cette tâche de salut public par la poésie, à condition de dégager en elle l'*esprit* qu'elle tient prisonnier depuis si longtemps ; et la rendre à l'*intelligence* du réel : telle qu'en elle-même enfin l'hilarité la change.

Pascal écrit encore que l'on ne doit jamais traiter avec sérieux quelque chose ou quelqu'un que l'on considère comme ridicule, car ce serait *l'autoriser.* C'est en suivant cette ligne particulière que j'ai essayé de ne pas finir en penseur avisé des expériences répulsives de la modernité, ni en philosophe social, ni en historien plus ou moins raisonnable du désastre immédiat et saccadé qui s'offre à nous jour après jour comme un bonheur multiple ; et encore moins en intellectuel réformiste de magazines ; et encore moins en débitant plus ou moins industriel de *proto-théories globalisantes.* Mes ambitions étant plus larges et surtout plus artistiques, j'entendais tenir encore d'autres langages, bien d'autres, sur les conditions d'existence dans un monde devenu si totalitairement et toujours si préventivement atroce. Il n'est si bon chemin qu'on ne doive s'y arrêter. Les genres dont j'avais jusqu'à présent usé n'avaient pour avantage que de multiplier les angles de vue, mais toujours dans la seule intention de poursuivre mon véritable but : établir de successifs rapports sur l'état du pays ; des rapports si possible de plus en plus colorés et de plus en plus amusants (l'hostilité va de soi). On pouvait trouver d'autres angles. Il ne s'agissait, une fois de plus, que de nourrir la répulsion que toute personne encore sensée peut ressentir, comme spontanément, face aux nouvelles conditions d'existence ; et méditer la ruine de ces ruines. Qui peut avancer un plus digne projet de vie, un plus grand rêve, et plus raisonnable ? Et moins métaphysique ? De celui-là, en tout cas, et de celui-là seul, on peut se faire ce que les plus pénibles des êtres aujourd'hui, c'est-à-dire tout le monde, appellent une *fierté*.

Il est vrai aussi (on s'en est peut-être rendu compte par les lignes qui précèdent) que j'ai un grand avantage sur ceux qui, au cours des siècles, firent des poèmes : j'ai eu, depuis mon plus jeune âge, la plus extrême réticence envers la poésie des poètes et envers les poètes de la poésie. Je me suis toujours demandé, sans d'ailleurs vraiment désirer connaître la réponse, quelle tête pouvaient avoir ceux qui lisaient des poèmes (et ne parlons pas de ceux qui en écrivent). Même les vers de Villon, même ceux de Charles d'Orléans ou de Péguy, même ceux de Baudelaire à la majesté si justifiée, m'ont toujours semblé se situer aux extrêmes limites (quoique bien en-deçà de celles-ci tout de même) de ce qui est supportable. Mais c'est évidemment plus près de nous que le ridicule complet a été atteint de la manière la plus infaillible ; et le comble de l'insensé mal cadencé, dans ce domaine, a été réalisé par un René Char (il y a du plaisir à pisser à la raie d'un mort si prétentieux). Sa « pluie giboyeuse », et tant d'autres crétineries citées opiniâtrement par de pâles philosophes (ce qui suffit à renvoyer la plupart d'entre eux à la niche de leur mauvais goût sacerdotal), condensent certainement la définition aberrante de ce que les dévots appelent poésie, qui n'est plus que néant arrogant, et dont, écrivant des vers, je me débarrasse si naturellement et avec allégresse (je me débarrasse aussi d'Éluard le stalinien gélatineux, de Prévert l'anticlérical à clope, pour ne rien dire du supercon Aragon comme l'appelait Céline, ou de Saint-John Perse l'incontinent).

La poésie, enfin, m'a toujours semblé proche des promesses électorales, cette autre rhétorique aux alouettes ; sauf qu'elle n'est jamais exposée à la résistance ou à la sanction du réel, ce qui lui permet de demeurer éternellement une forme de démagogie parmi d'autres. Mais cette éternité elle-même finit avec mon commencement.

Pour le reste, on se reportera avec profit, si l'on y tient vraiment, à *Après l'Histoire II* et à toutes les amabilités que j'écrivais déjà sur ce vaste sujet, dès avril 1999, notamment dans les séquences printanières intitulées *Le Cercle des poètes reparus* et *Des origines conjointes de la poésie contemporaine et des sectes*. C'est en perdant toute foi (ou, mieux encore, en n'ayant jamais ressenti le moindre commencement de foi) envers la poésie, gutturale religion des morts, qu'on peut encore le mieux la faire servir à cette destruction de la comédie qui est de toute façon le but de la littérature actuelle, pour autant que cette comédie est devenue notre *inconnaissable* et que celui-ci mérite au moins d'être interrogé avec fermeté ; et pour autant qu'il faille encore faire de la littérature. Dans ce domaine aussi, les choses peuvent se résumer à un slogan : *une seule solution, la ridiculisation*.

Mais en ce qui me concerne, et afin que cela soit clair une bonne fois pour toutes, je ne crois pas qu'il y ait jamais eu au monde plus grande poésie que dans la controverse qui oppose les seigneurs de Baisecul et Humevesne, et dans la façon dont, selon Rabelais, Pantagruel arbitre celle-ci.

Y a-t-il jamais eu, d'ailleurs, plus grande littérature ? Toute littérature, en tout cas, qui par la suite a été grande, l'a été parce qu'elle l'était *comme* cette controverse, et jamais comme autre chose ; du moins l'a-t-elle approchée ; ou a-t-elle essayé de s'y mesurer. Et qui n'a jamais essayé cela peut être appelé *contemporain*.

Le monde est détruit ; il s'agit maintenant de le versifier.

*Juillet 2003*

# ET APRÈS ?

Après l'Histoire
Contradictoire
Ça redémarre
On fait la foire

Sur les trottoirs
C'est la victoire
Des tamanoirs
Après l'Histoire

Et des mouchards
Et des braillards
Tout babillards
Comme des moutards

Et les vieillards
Et leurs bougeoirs
Dans le brouillard
Sont égrillards

Le Père Fouettard
Se fait bien rare
Et les Barbares
Sont au Tartare

Quel tintamarre
Dans les mitards
Tous les motards
Ont des bavoirs

C'est méritoire
Après l'Histoire
Et ses déboires
Faut en vouloir

Comme c'est bizarre
Comme c'est trop tard
Après l'Histoire
Faut en avoir

Dans ton peignoir
T'es belle à voir
Même par les soirs
D'après l'Histoire

Comme un Renoir
Comme un Bonnard
Un Fragonard
Ou un Vuillard

Jette tes foulards
Sors ton traquenard
C'est bien trop tard
Je veux tout voir

Il ferait beau voir
Qu'après l'Histoire
De ton fermoir
Tu sois avare

Que ton sautoir
En offertoire
Puisse décevoir
Mon défouloir

Prends vite ce dard
Cher nénuphar
Vas-y dare-dare
À l'entonnoir

Sache émouvoir
Sous le comptoir
Au minibar
Du désespoir

Mes exutoires
Comminatoires
Ces avatars
De ma mémoire

Gobe le nectar
C'est tout un art
Moi j'ai rencard
Dans ton tiroir

Viens vite t'asseoir
Sur ce perchoir
Fais ton mouroir
De ma branloire

Y a pas d'histoires
Après l'Histoire
Tends ton couloir
À mon gueuloir

Pour dix dollars
Après l'Histoire
Laisse-toi donc choir
Dans ce plumard

C'est pas du charre
Sur les boulevards
Voilà le blizzard
Sors ton riflard

Après l'Histoire
C'est bien trop tard
Pour s'émouvoir
En sleeping-car

Fin du cauchemar
Des avatars
Plus de caviar
Voici le coaltar

Comme c'est bizarre
Après l'Histoire
On broie du noir
Et puis on se marre

Plus de miroirs
Dans mon placard
Après l'Histoire
J'écoute Mozart

J'ai mon cigare
Il fait tout noir
Fin provisoire
De nos espoirs

# MORCEAUX DE FEMME

Ton insupportable portable
A sonné quand je te mettais
Tu ne t'es même pas décrochée
Pour répondre c'est incontestable

J'avais ton cul à marée haute
Et ta chevelure qui tressaute
J'avais tes seins en ligne de mire
On ne pouvait pas rêver pire

C'était Marcelin qui appelait
Car il préparait le dîner
Dans l'appareil il te criait
De surtout ne pas oublier

Tout ce que tu devais acheter
Lorsque tu serais rhabillée
Par cette belle soirée d'été
En nocturne au supermarché

Ton abominable portable
A sonné en pleine mélopée
Tu ne t'es même pas déplantée
Pour répondre c'est déraisonnable

J'avais ta bouche à bout portant
Tu n'étais pas au bout de tes peines
Moi j'étais à bout d'arguments
Tu étais belle en femme de peine

C'était Donata qui disait
Qu'elle ne pourrait t'accompagner
À votre cours de tai chi
Car elle avait physique-chimie

Elle était désolée bien sûr
Elle se sentait presque parjure
Ce n'était que partie remise
Pour l'instant tu étais bien mise

Ton intolérable portable
A sonné comme un incongru
Quand j'avais mon doigt dans ton cul
Tu n'étais pas très présentable

J'avais tes yeux en face des trous
Et j'avais tes trous plein la vue
Qu'est-ce qu'on pouvait souhaiter de plus
Que tes soupirs et tes remous

C'était Géraldine qui voulait
T'emmener voir Dérive passionnelle
Dans une ancienne usine à lait
Reconvertie en lieu rebelle

Une travailleuse théâtrale
Y faisait de la balançoire
Dans une grande violence musicale
Jusque vers minuit tous les soirs

Elle y dynamitait les codes
De la dramaturgie hors mode
Qu'elle repensait avec talent
C'était un spectacle dérangeant

Ton interminable portable
A resonné sous toi et moi
Tu répondis encore une fois
Sans dételer c'est très condamnable

J'avais tous tes tours dans mon sac
J'avais un nœud à l'estomac
J'avais ton cœur au bord des lèvres
En ces matières tu es orfèvre

C'était Pervenche qui appelait
Elle ne se souvenait plus pourquoi
Personne on le sait n'est parfait
Elle était en plein désarroi

Elle prévoyait de te rappeler
Sitôt qu'elle aurait retrouvé
Des raisons d'être et d'espérer
Et surtout de téléphoner

Ton impardonnable portable
A sonné quand tu m'enfourchais
Et que tu commençais à jouer
Un madrigal impitoyable

J'avais tes sphères dans mon saint suaire
Tu étais belle en écuyère
En convulsionnaire bayadère
Au dernier degré du calvaire

C'était à nouveau Marcelin
Qui de nouveau trouvait malin
De t'avertir qu'il mitonnait
Des petits plats pour le dîner

D'abord des hors-d'œuvre substantiels
Puis une viande ou un poisson
Un turbot ou un miroton
Ou un filet mignon au miel

Il exultait de fricasser
Rissoler bouillir écumer
Blanchir éplucher gratiner
Et toi tu étais bien braisée

Ton indéfendable portable
A sonné quand tu te tournais
Et qu'en silence tu présentais
Ton derrière impérissable

J'avais ton ciel et ton ressac
J'avais tes jardins en terrasses
Je me trouvais en état de grâce
J'avais tous tes tours dans mon sac

C'était Angeline l'obèse
Que jamais personne ne baise
Et qui d'ailleurs la trouve mauvaise
Ceci dit entre parenthèses

Elle voulait par ce soir dolent
T'emmener écouter à Beaubourg
Des nihilistes de Nemours
Qui parlent du ressentiment

Ils veulent disait-elle faire la nique
Aux pensées apocalyptiques
Des contempteurs philosophiques
De l'art nouveau et artistique

Ton inexcusable portable
A tinté quand tu te glissais
Souriante et nue dessous la table
Et tu as quand même décroché

Tu avais la langue bien pendue
En ce matin caniculaire
Et tes deux lèvres bien fendues
Étaient toutes à leur affaire

C'était Garance qui faisait chier
Je n'ai jamais pu l'encadrer
Elle est assistante marketing
Et son mari gardien de parking

Elle revenait de Papouasie
Qui se trouve en Mélanésie
Elle s'en proclamait extasiée
Elle voulait tout te raconter

Elle avait observé là-bas
Des mœurs sexuelles et culturelles
Du plus haut intérêt visuel
Elle en était encore baba

Elle pensait qu'il était urgent
De changer nos yeux de regard
Et de prendre le train en gare
Du moderne le plus modernant

Ton injustifiable portable
A crié quand tu roucoulais
Et sur le lit tout dévasté
Tu ne t'es pas déconnectée

Tu t'es si joliment tordue
Pour atteindre la source du
Dérangement très saugrenu
Que je t'en ai à peine voulu

C'était Élodie cette fois-ci
Elle venait de se mettre au lit
Il n'était pourtant que midi
Mais elle avait passé la nuit

Et puis la matinée aussi
À se faire en catimini
Mettre et remettre sans merci
Elle en était toute ébaubie

Si rarement ça lui arrive
Qu'elle en restait un peu pensive
Sa joie pour n'être que fictive
Se voulait communicative

J'ai dû subir son monologue
Elle est sociologue pédagogue
Et cherche par des apologues
À terrasser les démagogues

Ton inépuisable portable
A sonné entre deux giclées
Tu es restée imperturbable
Tu ne t'es même pas épongée

Tu étincelais en plein vent
Comme une montagne amoureuse
Et d'entre tes cuisses langoureuses
Tu accouchais le jour levant

C'était Manon qui te parlait
Je la connaissais bien celle-là
Et je savais qu'elle terminait
Un grand travail de doctorat

Sur toutes les figures du bonheur
Que de plus en plus de gens
Mettent dans leurs ordinateurs
Pour en orner le fond d'écran

Ton inénarrable portable
A dégueulé sa mélodie
Quand tu tendais vers ma folie
Tes bras potelés et délectables

C'était un message d'Edmonde
Ah tu en connais du beau monde
Elle revenait de Bragamance
Qui n'est pas loin de Casamance

Elle est féministe prosexe
C'est un dispositif complexe
Mais cette harpie convaincue
S'occupe aussi de Tranches de rue

Qui développe en milieu rural
Avec le conseil régional
Des développements créatifs
Dans un but participatif

De participation locale
Avec l'appui du collectif
Des collectivités spéciales
Pour le développement attractif

C'était le Nouvel An chinois
Elle aurait souhaité avec toi
Voir le défilé du Dragon
Et bien d'autres animations

Ton inexorable portable
A sonné quand je te mettais
C'était Reine qui téléphonait
De chez Clientèle innombrable

C'était Arlette c'était Paulette
C'étaient Georgette et Bernadette
C'étaient Étiennette et Laurette
C'était Juliette à bicyclette

C'étaient Mona et Raïssa
C'était cette conne d'Henrietta
C'étaient Sandrine et Apolline
C'étaient Anne-Dauphine et Martine

C'étaient les sœurs de ta voisine
C'étaient les filles de ma cousine
C'étaient Capucine et Glycine
C'étaient Vermine et Scarlatine

C'étaient Rustine et Cochinchine
C'était Rosine ou Bécassine
Dont je trouve les prunelles câlines
Bien qu'elle ait les yeux en trous de pine

C'étaient Canine et Turlupine
C'étaient Origine et Angine
Et puis Oursine et Androgyne
Et Figurine et Glycérine

Ton très haïssable portable
S'est brusquement interrompu
Il s'est tu c'est irrécusable
Je te l'avais fourré dans le cul

# LA NURSERY S'ÉTEND

La carte proposait des choux gras aux gambas
Des joues de vieux melon aux senteurs d'épines douces
Des bouchées de passe-pierre sur leur riz de Madras
Et des lapins farcis sur trilogie de mousses

Et la femme d'à côté à la table voisine
Criait que son dernier venait de faire caca
Que c'était bien la preuve de l'existence divine
Et les autres autour d'elle en faisaient très grand cas

Le restaurant prônait des crabes à l'estragon
Des anchois de Collioure et des râbles aux pignons
Des steaks au beurre d'herbes fraîches sur poêlées de marrons
Et des gratins de blettes avec des macarons

Et la garce infinie à sa table maudite
Gueulait que le petit barbotait dans sa merde
De plus en plus souvent que de baffes se perdent
Je l'aurais bien calmée avec des coups de bite

La serveuse conseillait des mouillettes de brioche
À la fleur d'oranger sur crème de mascarpone
Disait que le sorbet non plus n'était pas moche
Ni le sauté de figues à l'huile de gasconne

Et la grognasse odieuse a sorti de son sac
Plusieurs couches en couleurs pour éponger les flaques
Assez de couches en somme pour repeindre le monde
Et distribuer partout son crottin à la ronde

Il y avait aussi tant de brochettes aux œufs
Des tartines de chèvre avec du paprika
Du saumon sauce rouille sur liqueur des chartreux
Des jarrets de daurade à la fleur d'avocat

Et la radasse infâme nettoyait à grand seau
Ivre de son bon droit le cul de son marmot
Elle aurait bien couvert toute la terre de merde
Et le ciel et la mer pour que rien ne se perde

On suggérait encore une bouteille de cornas
Un côtes du ventoux ou bien un gigondas
Et pour finir peut-être un café expresso
Suivi de l'addition acquittable en euros

Et la gonzesse féroce achevait son turbin
Elle en jetait partout jusque dans nos assiettes
Et rendait grâce ainsi au culte de Layette
Il n'y avait rien là qui lui parût malsain

Les femmes ne sont pas sorties du gynécée
Comme le disent encore trop d'illustres niais
C'est le monde lui-même qu'on y a fait rentrer
Comme dans une sombre et longue maternité

La nursery s'étend quand l'Histoire disparaît
La pouponnière croît quand la raison décline
La garderie triomphe de la lucidité
Douze coups ont sonné dans la nuit utérine

Le sens même des choses a été congédié
Les événements s'écroulent sous les gargouillements
L'homme se convertit au dieu de la Diarrhée
Tout se récapitule dans un vagissement

# LES FILLES

Toutes les filles après l'Histoire
Ont le trou comme une écumoire

Leurs machins sont des traquenards
Elles font très bien le grand écart

Mais persécutent les soudards
Avec leur cœur aux épinards

Toutes les filles après l'Histoire
Ont les seins qui bandent sous le fard

Quoiqu'elles raffolent pour la plupart
De homards vraiment malabars

Elles ne sauraient dans un couloir
Se laisser mettre un coup de plantoir

Et moins encore dans leur boudoir
Décider sans se voir déchoir

Séance tenante sur un gros dard
De courir pour aller s'asseoir

Et de le prendre comme perchoir
Ou bien d'en faire leur balançoire

Toutes les filles après l'Histoire
Sortent à poil sous des foulards

Elles n'ont pas peur de décevoir
Elles gardent serré leur mouilloir

C'est la télé qu'elles préfèrent voir
Et puis le reste est dérisoire

Toutes les filles d'après l'Histoire
Ont l'abricot comme un fermoir

Elles ont l'oignon comme un claquoir
Et la capsule en fond de tiroir

Le cresson comme un abattoir
Le bénitier comme un frottoir

Et un cadavre dans le placard
Et un placard dans un coin noir

Toutes les filles d'après l'Histoire
Ont la rosette comme un miroir

Ont le drageoir comme un prétoire
L'entonnoir comme un polissoir

Ont le saloir en abreuvoir
Et le suçoir en à-valoir

Ont le crachoir comme un séchoir
Ont l'exutoire comme un mouroir

Moi il me reste mon cigare

# DOULOUREUSE RÉFLEXION DU PETIT ENQUÊTEUR SUR LES NOUVEAUX RÉACTIONNAIRES

Je ne comprends plus rien à ces chassés-croisés
De croisés enchâssés pourchassés et chassés
Je ne discerne rien dans tous ces démêlés
Où se croisent et s'emmêlent tant de désaccouplés

Je ne vois rien à voir dans cette confusion
Je ne sais plus quoi faire dans cette explosion
Je ne sais plus quoi dire des recombinaisons
Dont il me faut pourtant donner mon opinion

Ce ne sont plus partout que monstres fantastiques
Rencontres de chimères pour parc zoologique
Hippogriffes à trois pattes et centaures maquillés
Ce ne sont plus partout que concepts bariolés

On voit passer sans cesse des anarcho-sceptiques
Qui se proclament aussi catholiques-cyniques
Des islamistes à poil et des rockers chrétiens
Des machos pathétiques qui se prétendent schmittiens

Des penseurs régressifs adeptes de l'échangisme
Et des derviches tourneurs en plein immobilisme
Des élitistes d'en bas hautains et suffisants
Des paranos d'en haut poujadistes flippants

Des libertaires-caviar qui noircissent des listes
Des mollahs féministes et altermondialistes
Des humanistes nases qui puent un peu la mort
Et des végétariens parfaitement carnivores

Des sophistes à tics scribouillants et rampants
Des trotskistes en bloc qui font le ramadan
Des racistes métissés transgresseurs de tabous
Et des marteaux sans maître qui recherchent un clou

Des néoroyalistes au marxisme rembourré
Et des ayatollahs qui viennent en Reebok
Dans les usines à bière se faire servir des bocks
Par des hôtesses lesbiennes en shorts de cuir lacés

Des médiateurs bancaires qui écrivent des romans
Des astrologues sociaux qui tiennent des restaurants
Des chercheurs de trésors qui vivent chez leur maman
Des poètes qui inscrivent leur nom sur l'océan

Des souverainistes à trous et des chanteurs pervers
Qui prédisent que l'avenir sera repeint en vert
Des puritains sadiens des mormons voltairiens
Et même des flaubertiens anti-américains

Et des gays irakiens en treillis militaire
Initiateurs de raves dans tout le Finistère
Des hégéliens de droite natifs de Norvège
Et des égalitaires qui veulent des privilèges

Et ce rat sur l'épaule de Marie-Joséphine
Si content d'arborer sa teinture blond platine
Et des islamophobes qui célèbrent l'Aïd
Et des enfants de chœur qui se croient des caïds

Des salafistes athées qui relisent Tocqueville
Très soucieux d'urbanisme et d'image de la ville
Qui pensent que nous vivons en des temps difficiles
Et cherchent à draguer en terrasse une fille

Des interventionnistes sans tambours ni trompettes
Des moribonds profonds branchés sur Internet
Des temps morts bien remplis pour attendre la mort
Des drones Predator et Saddam et Gomorrhe

Et un agent d'ambiance qui parle métaphysique
À une très jolie femme lookée Antik Batik
Qui lit Joseph de Maistre dans l'étrange décor
D'un salon à moulures converti en dance floor

Des théâtreuses de rue qui sont hydroponiques
Des filles androcentristes un peu métamorphiques
Des zoroastriennes en minijupes Chloé
Radasses interloquées ou pétasses déloquées

Et même des kamikazes strictement pacifistes
Qui se pacsent avec des dissidents sophistes
Qu'ensuite dans la rue ils embrassent à pleine bouche
Et même un djihadiste qui fréquente les Bains-Douches

Un évêque initié qui va se faire piercer
Un Bédouin rue Delambre qui fait pisser son chien
Tout en se régalant d'un rhizome deleuzien
Arrosé de Coca pour mieux le faire passer

Et les curés du *Monde* à la main sur le cœur
Qui vont à la télé comme on vient à confesse
Et de leur innocence protestent avec candeur
Mais l'on voit trois orfèvres qui ont très chaud aux fesses

Et les dépoussiéreurs de l'ancienne esthétique
Qui veulent rendre à l'art sa dimension magique
En ouvrant les musées aux inerties polaires
Et le corps sans organes aux plaisirs de la chair

Et de grands plasticiens des transparences optiques
Qui injectent aux lapins sous anxyolitiques
Des gènes de méduses pour les rendre fluo
Et réinventent ainsi la pure notion du Beau

Et même des salopards qui posent de vraies questions
Et des mélancoliques remplis d'illusions
Et des autonomistes sceptiques approbatistes
Des exhibitionnistes syncrétistes humanistes

Et des esprits chagrins qui font rire aux éclats
Et même des pessimistes qui vous rendent béat
Des boys' band bouddhistes des Corses platoniciens
Des aveugles tape-à-l'œil des muets rhétoriciens

Des muets platoniciens autonomistes sceptiques
Anarcho-échangistes immobilistes à listes
Élitistes régressifs techno-catastrophistes
Scribouillistes transgressistes nudistes et catholiques

Souverainistes islamistes voltairiens puritains
Libertins talibans trotskistes américains
Autistes dissidents salafistes flaubertiens
Pessimistes syncrétistes gallicans et sadiens

Redonnez-moi mon Dieu les utiles clivages
Qui permettaient hier de si précieux chantages
Par pitié sans tarder remettez en lumière
De la droite et la gauche l'antique barrière

Redonnez-nous mon Dieu les anciens repérages
Qui permettaient jadis de si heureux trucages
Finissez-en mon Dieu avec ce bariolage
Le moment est venu d'un sévère nettoyage

Arrêtez donc mon Dieu tout ce remue-ménage
Je ne suis pas de taille face à ce barbouillage
Il est hors de question que je sois au chômage
Je ne comprends plus rien à tous ces faux vitrages

Redonnez-nous mon Dieu le néant et puis l'être
Ce qui réside à dextre ce qui est à senestre
Et comment distinguer le jour à ma fenêtre
De la nuit qui embrouille ma destinée terrestre

Je ne comprends plus rien à toutes ces manœuvres
Qu'il me faut avaler comme autant de couleuvres
Je n'en peux plus mon Dieu de ce ragoût de pieuvres
Qu'il me faut sans vomir déguster en hors-d'œuvre

Redonnez-moi les pôles et le bas et le haut
Et le noir et le rouge et le plomb et puis l'or
Et le riche et le pauvre et la vie et la mort
Et le oui et le non et le vrai et le faux

Redonnez-moi le monde d'avant le dernier monde
Lorsque la fin finale n'était que moribonde
Mon Dieu ramenez-moi sur l'ancienne mappemonde
Avec ses idéaux bien rangés à la ronde

Mon Dieu ramenez-nous cinquante ans en arrière
Car entre nous mon Dieu c'était bien mieux avant
Rétablissez mon Dieu les repères d'antan
Je ne comprends plus rien à cette pétaudière

Je ne sais toujours pas à ma confusion
S'il est préférable dans ce vaste boxon
D'avoir peur avec Sartre ou chaud avec Aron
Je ne sais quoi répondre à cette grave question

Je ne comprends plus rien et c'est un vrai calvaire
Mon cerveau se défait dans le réel où j'erre
Et pourtant je me dois de parler en expert
Je vais tous les appeler nouveaux réactionnaires

# À HEGEL

Tu avais vu des choses que personne n'a vues
Et d'abord l'âme du monde qui passait à dada
Un jour sous tes fenêtres dans une rue d'Iéna
Tu savais bien des choses que personne n'a sues

La jouissance du maître et la peur de l'esclave
Et la transformation peu à peu de l'esclave
En maître de son maître et le monde du vouloir
Qui n'est jamais livré comme on croit au hasard

Et tu as vu aussi l'État universel
La chouette de Minerve qui vole au crépuscule
Lorsqu'il est bien trop tard pour faire des calculs
Et le réel donné qui ne manque pas de sel

Et tu voyais encore la négativité
Immanente pulsation de la vitalité
Qui s'affirme sans cesse par insatisfaction
Et la Lutte et le Risque comme déterminations

De notre humanité loin du règne bestial
Tu as vu également toutes les définitions
Du Concept régnant de manière capitale
Et le Particulier avec ses sensations

Qu'intègre sans arrêt pour les spécifier
Le mouvement dialectique dans les Perceptions
À leur tour sans répit universalisées
Dans l'Entendement même qu'attend la Perception

Pour le faire chavirer dans le Particulier
Et tu savais aussi que tout s'interrompait
Tu savais qu'une fin ultime nous dominait
Tu as vu la sortie de toute l'humanité

Et l'Histoire qui s'arrête quand le réel donné
Satisfait pleinement l'homme enfin reconnu
Ou qui s'imagine tel parce qu'il en a plein le cul
Et les guerres évanouies les conflits effacés

Mais tu ne savais pas ce qui viendrait alors
Tu ne pouvais pas voir dans quelle déconfiture
Se poursuivrait l'Histoire après sa fermeture
Tu n'as pas deviné quel serait notre âge d'or

Tu n'avais pas prévu les hommes à poussettes
Les femmes à sac à dos ni les vieilles à roulettes
Tu n'avais pas prévu le portable à sonnette
Ni le mail enragé qui siffle sur nos têtes

Ni l'association des groupements du futur
Ni les processions dans les hydrocarbures
Ni les cochons malades qui se donnent en pâture
Tu n'as jamais dormi Hôtel des Trois Cultures

Tu n'as jamais rien vu de ces prides fatales
Jamais rien entendu des musiques totales
Jamais vu dans la rue le roller exécrable
Jamais rien entrevu de tout l'intolérable

Hypertexte multiplex progiciels Internet
Tu tomberais de haut avec ta dialectique
En entendant parler monnaie électronique
Délices et randonnées consultants d'Intranet

Toi qui croyais penser que l'Histoire est erreur
Et qu'elle doit s'arrêter quand tout devient conforme
Discours et vérité prenant la même forme
Tu n'as rien supposé de toutes nos horreurs

Tu n'as rien pu savoir de ce que nous voyons
Les imbéciles en short et les commentateurs
Et les pourris finis qui se disent créateurs
Et les animateurs de la désolation

Les justiciers volants et les vigilants blêmes
Vertueux anti-vertu aux vengeances suprêmes
Belles âmes anti-belles âmes qui roulent en VTT
Employés vérolés qui se disent révoltés

Les fumiers qui élèvent sur les ruines du bonheur
Des cafés qu'ils nomment lieux de convivialité
Tu ne pouvais pas voir cet infini malheur
Ni aucune des salopes de la modernité

Ni le gardien de chiourme qui rédige le soir
Sa dénonciation d'anti-citoyennisme
Avant de s'envoyer un verre d'alcool de poire
Tu n'as rien entendu de tout le féminisme

Ni le phobe de phobes qui te mord aux mollets
La salariée qui dit qu'elle était harcelée
Les enfants criminels les femmes en 3D
Les footballeurs rasés et les ânes piercés

La Fête des écureuils à Saint-Drain-la-Colique
Le Festival mondial des bourriques éclectiques
La Maison de la pomme et des vieilles gargouilles
Qui se tient tous les soirs place du Marché-aux-Couilles

Le Jour de la pitié pour les nains bucoliques
Le Jour de l'arrogance des obèses en colère
Le Jour de l'euphorie devant la mort du père
Le Jour de la vengeance des cons initiatiques

Tu n'as rien pu savoir de tous ces destructeurs
De tous ces harcelants de tous ces harceleurs
De tous ces vigilants de tous ces contrôleurs
Qui veulent par la terreur imposer leur bonheur

Ceux qui veulent que ça bouge chez les agriculteurs
Qui veulent qu'on les remplace enfin par des sculpteurs
Qui veulent que les routiers mettent des chapeaux à fleurs
Qui veulent que les chasseurs disparaissent sur l'heure

Qui veulent que leurs ennemis meurent dans un gargouillis
Qui veulent que les machistes se fassent hara-kiri
Qui veulent que les réacs sortent du paradis
Et cessent une bonne fois de gâcher leur gâchis

Tous ceux qui persécutent au nom de la vertu
Celle d'avant-hier comme celle de demain
Et devant qui chacun préfère passer la main
Quand il serait si simple de leur dire poil au cul

Et ceux qui sont payés pour traquer sur le Net
Les obcurs dérapages des propos homophobes
Qui ont l'air ce faisant parfaitement honnêtes
Quand il serait si bon de leur dire poil au zob

Ceux qu'obsèdent jour et nuit les affreux pédophiles
Qui versent à ce sujet des larmes de crocodile
Qui veulent les écraser comme autant de reptiles
Quand il serait facile de dire poil au nombril

Les peintres niveleurs les artistes poètes
Les grimpeurs dans les arbres et les connes de garde
Les altruistes ignobles et les pacifistes bêtes
Et les donneurs d'organes qui vont à la parade

Et les aquarellistes qui réclament un pécule
Les comiques criminels des milices ridicules
Les assistantes sociales ces salopes intégrales
Et Ségolène Royal et Ségolène Royal

Les lieux alternatifs et sans échappatoire
Les lieux alternatifs et sans échappatoire
Les lieux alternatifs et sans échappatoire
Tu n'as jamais rien vu de la fin de l'Histoire

# L'EXISTENCE DE DIEU

Entre avant-hier et demain
Il y avait toujours tes mains
Parfum perdu doigts de satin
Je me souviens de ces matins

Entre vendredi et l'hiver
Je sentais battre tes artères
Lumière de l'être chair de ma chair
Notre bonheur était précaire

Entre lundi et l'univers
Il y avait des ciels amers
Cheveux froissés draps du matin
Je sens toujours courir tes mains

Entre tes seins et le lointain
On entendait chanter un psaume
Essor d'oiseaux nuage carmin
Je me souviens de ce royaume

Entre le présent et tes reins
Mes appétits étaient sans fin
Fièvre passée murmure d'amour
Je te revois à contre-jour

Entre avant-hier et l'imparfait
Il y avait ton corps parfait
Années finies ciel immobile
Que notre joie était fragile

Entre novembre et le soleil
Tu étais comme un arc-en-ciel
Feu de ton ventre croix de tes yeux
Tu prouvais l'existence de Dieu

# ÇA NE PREND PLUS

Je te filerais un coup de plantoir
Si t'étais pas la fin de l'Histoire
Si t'avais pas l'âme au placard
Et les mandolines au beurre noir

Avec un plaisir emphatique
Je te remplirais ta boutique
Tu verrais voir ma dialectique
Si t'étais pas devenue mutique

Si t'étais pas la fin du monde
Je m'enverrais ta mappemonde
Je m'occuperais de ta rotonde
Et de tes sphères vagabondes

Si je pouvais dans le réel
Te rejoindre encore à tire-d'aile
Je saurais bien ma tourterelle
Te faire briller jusqu'à la moelle

Te faire sauter toutes les rondelles
Grimper ta pression artérielle
Et perforer ta ritournelle
Et défoncer ta citadelle

Si t'étais pas la fin du jour
Tu aurais encore de l'humour
Et c'est à coups de calembours
Que j'entrerais dans ta basse-cour

Si t'étais pas la fin de la fin
Si t'étais pas la fin de la fin
Si t'étais pas la fin de la fin
Si t'étais pas la fin de la fin

Tu me trouverais à tes trousses
Il faudrait que tu te trémousses
Que tu glousses et puis te rebrousses
Quand je mordrais tes pamplemousses

Si t'étais pas la fin des temps
Ce serait tout à fait amusant
De te sabrer à contretemps
Avec des cris d'orang-outang

Si t'étais pas la fin finale
Si t'étais pas la vie tombale
Du social le plus terminal
Et du bestial matrimonial

Si t'étais pas la vie égale
Si t'étais pas la vie fatale
Si t'étais pas la bacchanale
Du non-causal phénoménal

Tu souffrirais que l'on t'empale
Avec un truc pyramidal
Jusques au fond des amygdales
Avec un mambrin vertébral

Rhomboïdal et féodal
Cérébral et grammatical
Mémorial et bilatéral
Et même archiépiscopal

Vertical et paradoxal
Fallait choisir royal ou râle
Envoyé spécial radical
Ou terminal occidental

Ne cherche plus ma cannibale
Ma fille d'après la bacchanale
Ma chère plaie natale sculpturale
D'autre raison fondamentale

À mon absence transcendantale
Que dans ton bonheur de Vestale
Si t'étais pas la fin du mâle
Je ne me ferais pas porter pâle

# JE BANDE, DONC JE FUIS

Tu ne viendras à Canossa
Que pour y voir Casanova
Tu y manqueras Zarathoustra
En train de se taper Bouddha

Jusqu'aux brumes de l'Himalaya
Tu courras pour voir Jéhovah
Tu verras même pas Colomba
Tombant de Charybde en Sylla

À Nouméa en Angola
Addis-Abbéba Malaga
Au Golgotha ou à Bahia
Tu chercheras des Walhallas

Jusqu'à la mer de Marmara
Jusqu'au fin fond du Sahara
Même sur les bords de la Néva
Toujours et encore tu courras

Tu ne sauras jamais pourquoi
Brahma ne pompe plus Gargantua
Ni Maïa Lope de Vega
Ni Ali-Baba Caramba

Partout partout tu passeras
Partout tu recommenceras
Et jamais rien tu ne verras
Jamais non plus tu ne sauras

Et pourtant tu continueras
Tu chercheras et tu vivras
Mais jamais ne te souviendras
Quand débuta ce désarroi

Ce fut quand de toi mon en-soi
Se retira et dégaina
Rappelle-toi ce grand fracas
De mon émoi sur ton pour-soi

# OBJECTION REJETÉE

Avant l'Histoire après l'Histoire
Ça veut rien dire ces racontars

On n'est pas ici par hasard
On est contents pour la plupart

Après l'Histoire avant l'Histoire
Ça veut rien dire tous ces bobards

On n'est pas tombés du placard
On n'est quand même pas des bâtards

Avant l'Histoire après l'Histoire
Et où elle est la date butoir

Il nous mène à quoi ton couloir
On n'en veut pas de ton bazar

Après l'Histoire avant l'Histoire
C'est évident que tu t'égares

On en a discuté fort tard
On est d'accord pour la plupart

Avant l'Histoire après l'Histoire
On n'en veut pas de ton traquenard

Nous on veut conserver l'espoir
D'être si fiers en ce miroir

D'être si beaux avant l'Histoire
D'être si bien après l'Histoire

Alors ferme ça vieux cauchemar
Et puis merci bien et bonsoir

# ÉTHIQUE DE LA TOISON PURE

Les poils de tes aisselles répondant à ta chatte
Ouvrent en me souriant deux puits supplémentaires
Tu miaules en t'écartant lorsque je te colmate
Offrant à mon plaisir tes forêts spéculaires

Dehors c'est le blocus du bonheur asexué
Les filles à nombril défilent sans m'exciter
Elles roulent des fesses mais ne savent pas plaire
On ne croise dans les rues que putes velléitaires

Mon amie toisonnée tu bafoues le programme
Qui voulait que tu sois totalement nickelée
Afin que jamais plus on ne te veuille niquer
Même si tu criais que tu brûles dans les flammes

Dehors souffle en tornade l'époque qui commence
Le bruit que tu entends ce sont ses doléances
Les cris que tu perçois sont des cris de vengeance
L'humanité entière bout dans son innocence

Triple pilosité rayonnante et propice
Souveraines broderies que tu viens exhiber
Que j'embrasse sans fin avant de te courber
Pressé de dévoiler tes plus beaux orifices

Et dehors l'ennemi cuit dans ses sucreries
Il a tout effacé derrière ses vacheries
La ville est maintenant soigneusement contrôlée
Tout espoir s'est enfui de cet Espace Bébé

Les rideaux sont fermés les lumières sont filtrées
Tu soupires bras levés pour te déshabiller
Jamais tu n'as porté le moindre pantalon
Tu voulais que je sente dessous ta robe ton con

Écoute rugir dehors tous les monstres modernes
Fulminer la vertu comme dans une caverne
Rager la surveillance gronder la transparence
On ne rencontre plus nulle part que cette démence

Nous n'inventerons pas comme ils l'ont exigé
De nouvelles manières d'aimer et d'être aimé
Ainsi que le commandent tant de tristes tarées
Qui disent que les femmes sont encore aliénées

Écoute pleuvoir dehors tous ces rénovateurs
Tomber comme la grêle tous ces refondateurs
Et ces réprimandeurs et ces accusateurs
Et ces vigilateurs et ces sataniseurs

Nous ne chercherons pas de nouvelles façons
De te prendre le cul et puis aussi le con
Amie non épilée fermement emboîtée
Tu viens jouer avec moi à être dominée

Et dehors l'ennemi cuit dans ses cochonneries
Au milieu des affiches de femmes mécaniques
Volailles déplumées que rien ne magnifie
Connes péroxydées et dindes médiatiques

Tu viens être élevée au rang d'objet sexuel
Je sais que tu seras comme toujours très ponctuelle
Et nous célébrerons tous les deux sans complexes
Le paradis des genres la frontière des sexes

Écoute la rumeur des radassespointcom
En pantalon cargo Birkenstocks aux pieds
Écoute le vacarme que fait leur pauvre idiome
Quand elles montent par trois la rue de l'Échaudé

Nous ne chercherons pas des manières authentiques
D'inscrire les droits de l'homme dans nos évolutions
Nous penserons plutôt dans nos séditions
À cracher sur leurs avancées démocratiques

Tu veux que je ne voie en toi qu'un cul ouvert
Et ton corps sous mes mains largement découvert
Qui monte et redescend tandis que je le flatte
Quand remonte et descend la forêt de ta chatte

Au-dehors les salauds excommunicateurs
La patrouille infernale des exterminateurs
Les metteurs à l'index et les stigmatiseurs
Les mouchards supérieurs assainisseurs des mœurs

Tu veux être ma chienne et aussi ma jument
Je foulerai avec joie ton épanouissement
Tu veux à quatre pattes tourner en dérision
Ce qu'ils ont appelé ton émancipation

Écoute les nouveaux pères en congé parental
Les justiciers en short et tous ceux qui roulettent
Les porteurs de lardons et leurs baleines blettes
Ces rééquilibreuses des tâches familiales

Tu viens jouer avec moi à être malmenée
Brutalisée fessée maîtrisée chahutée
De conserve nous pissons sur leurs commandements
Tu sais que nous vivons très dangereusement

Écoute le nouveau siècle éthique et charitable
Tremble d'être livrée à leurs initiatives
Conservons le secret des gestes impérissables
Qui échappent encore à leur haine maladive

Écoute le malheur qui s'appelle aujourd'hui
Qui s'appelle maintenant et qui s'appelle l'ennui
Qui s'appelle de Bruxelles les recommandations
Écoute la douleur qui se nomme légion

Écoute le bonheur qui s'appelle toi sous moi
Quand nous nous écroulons avec un bel émoi
Sur tout ce qui compose tes droits élémentaires
Et puis sur les hideux partages égalitaires

Rien ne modifiera nos sales dispositions
En matière de rapports amoureux et sexuels
Nous avons en horreur tous tes droits personnels
Nous resterons maudits de cette malédiction

Nous aurons échappé aux conditionnements
Nous aurons refusé notre consentement
Au temps qui roule au loin les vivants et les jours
Comme au vent qui charrie la douleur des amours

Nous aurons évité leurs codifications
Nous nous serons torchés dans leurs légistations
Nous nous serons vautrés dans leurs prohibitions
Nous aurons repoussé toutes leurs tourmentations

De cela seulement nous pourrons être fiers
Pour cela seulement nous serons célébrés
Lorsque dans très longtemps et enfin séparés
Nous nous endormirons du sommeil de la terre

# TOMBEAU POUR UNE TOURISTE
## INNOCENTE

Rien n'est jamais plus beau qu'une touriste blonde
Qu'interviouwent des télés nippones ou bavaroises
Juste avant que sa tête dans la jungle ne tombe
Sous la hache d'un pirate aux façons très courtoises

Elle était bête et triste et crédule et confiante
Elle n'avait du monde qu'une vision rassurante
Elle se figurait que dans toutes les régions
Règne le sacro-saint principe de précaution

Point de lieu à la ronde qui ne fût excursion
Rien ici ou là-bas qui ne fût évasion
Pour elle les pays étaient terres de passion
Et de révélation et de consolation

Pour elle les pays étaient terres de loisirs
Pour elle les pays n'étaient que communion
On en avait banni les dernières séditions
Pour elle toutes les terres étaient terres de plaisir

Pour elle les nations étaient lieux d'élection
Pour elle les nations n'étaient que distraction
Pour elle les nations étaient bénédiction
D'un bout du monde à l'autre et sans distinction

Toute petite elle disait avoir été violée
Par son oncle et son père et par un autre encore
Mais elle dut attendre ses trente et un balais
Pour revoir brusquement ce souvenir éclore

Elle avait terminé son second CDD
Mais elle envisageait d'autres solutions
Elle voulait travailler dans l'animation
Pour égayer ainsi nos fêtes de fin d'année

Elle cherchait à présent et pour un prix modique
À faire partout régner la convivialité
Comme disent les conseils en publicité
Elle se qualifiait d'intervenante civique

Elle avait pris contact avec plusieurs agences
Et des professionnels de la chaude ambiance
Elle était depuis peu amie d'un vrai artiste
Musicien citoyen jongleur équilibriste

Grand organisateur de joyeuses sarabandes
Le mercredi midi et aussi le samedi
Pour la satisfaction des boutiques Godassland
Créateur d'escarpins cubistes et nabis

Elle aussi s'entraînait à des tours rigolos
En lançant dans les airs ses propres godillots
Baskets bi-matières à semelles crantées
Les messages passent mieux quand on s'est bien marré

Au ministère social des Instances drolatiques
Elle avait exercé à titre de stagiaire
L'emploi de boîte vocale précaire et temporaire
Elle en avait gardé un souvenir érotique

Elle avait également durant quelques semaines
Remplacé une hôtesse de chez Valeurs humaines
Filiale fondamentale de Commerce équitable
Où l'on vend seulement des objets responsables

Elle avait découvert le marketing éthique
La joie de proposer des cadeaux atypiques
Fabriqués dans les règles de l'art humanitaire
Et selon les valeurs les plus égalitaires

Tee-shirts Andrée Putman et gabardines de Storck
Et pendentifs Garouste et pochettes d'Aristorque
Soquettes respectueuses amulettes charitables
Objets de toutes sortes et toujours admirables

Étoles alternatives et broches-tolérance
Et bracelets-vertu et tissus-complaisance
Et blousons-gentillesse et culottes-bienveillance
Consommation-plaisir et supplément de sens

Café labellisé bio-humanisé
Petits poulets de grain ayant accès au pré
Robes du Bangladesh jus d'orange allégé
Connotation manouche complètement décalée

Sans vouloir devenir une vraie théoricienne
Elle savait maintenant qu'on peut acheter plus juste
Et que l'on doit avoir une approche citoyenne
De tout ce qui se vend et surtout se déguste

Et qu'il faut exiger sans cesse et sans ambage
La transparence totale dedans l'étiquetage
Comme dans le tourisme une pointilleuse éthique
Transformant celui-ci en poème idyllique

À ce prix seulement loin des sentiers battus
Du vieux consumérisme passif et vermoulu
Sort-on de l'archaïque rôle de consommateur
Pour s'affirmer enfin vraiment consom'acteur

Elle faisait un peu de gnose le soir venu
Lorsqu'après le travail elle se mettait toute nue
Et qu'ayant commandé des sushis sur le Net
Elle les grignotait assise sur la moquette

Ou bien elle regardait un film sur Canal-Plus
Ou bien elle repensait à ses anciens amants
Ou bien elle s'asseyait droit devant son écran
Et envoyait des mails à des tas d'inconnus

Elle disait je t'embr@sse elle disait je t'enl@ce
Elle faisait grand usage de la touche arobase
Elle s'exprimait alors avec beaucoup d'audace
Elle se trouvait alors aux frontières de l'extase

Dans le métro souvent elle lisait Coelho
Ou bien encore Pennac et puis Christine Angot
Elle les trouvait violents étranges et dérangeants
Brutalement provocants simplement émouvants

Elle aimait que les livres soient de la dynamite
Qu'ils ruinent en se jouant jusqu'au dernier des mythes
Ou bien les reconstruisent avec un certain faste
Elle aimait les auteurs vraiment iconoclastes

Elle voulait trois bébés ou même peut-être quatre
Mais elle cherchait encore l'idéal géniteur
Elle n'avait jusqu'ici connu que des farceurs
Des misogynes extrêmes ou bien d'odieux bellâtres

Des machistes ordinaires ou extraordinaires
Des sexistes-populistes très salement vulgaires
Des cyniques égoïstes des libertins folâtres
Ou bien des arnaqueurs elle la trouvait saumâtre

Elle se voyait déjà mère d'élèves impliquée
Dans tous les collectifs éducatifs possibles
Et harcelant les maîtres les plus irréductibles
Conservateurs pourris salement encroûtés

Qui se cachent derrière leur prétendu savoir
Faute d'appréhender un monde en mutation
Qui sans doute a pour eux l'allure d'un repoussoir
Quand il offre à nos yeux tant de délectations

Comme toutes les radasses et toutes les pétasses
Comme toutes les grognasses et toutes les bécasses
Elle adorait bien sûr Marguerite Durasse
De cette vieille carcasse elle n'était jamais lasse

Elle s'appelait Praline mais détestait son nom
Elle voulait qu'on l'appelle Églantine ou Sabine
Ou bien encore Ondine ou même Victorine
Ou plutôt Proserpine elle trouvait ça mignon

Elle faisait un peu de voile et d'escalade
Elle y mettait l'ardeur qu'on mettait aux croisades
Elle se précipitait sous n'importe quelle cascade
Elle recherchait partout des buts de promenade

Chaque fois qu'elle sortait avec une copine
Elle se maquillait avec beaucoup de soin
Soutien-gorge pigeonnant et perruque platine
Encore un coup de blush pour rehausser son teint

Orange fruité Fard Pastèque de chez Guerlain
Bottines en élasthane blouson cintré zippé
Sac pochette matelassé et bracelet clouté
Ou alors pour l'hiver une veste en poulain

Ou un top manches fendues en jersey de viscose
Jupe taille élastiquée en voile de Lurex
Tunique vietnamienne décorée de passeroses
Sans rien dessous bien sûr pas même un cache-sexe

Elle disait qu'il fallait réinventer la vie
Que c'était le devoir du siècle commençant
Après toutes les horreurs du siècle finissant
Là-dedans elle s'était déjà bien investie

De temps en temps chez elle rue des Patibulaires
Elle mobilisait certains colocataires
Afin d'organiser des séances de colère
Contre l'immobilisme et les réactionnaires

Elle exigeait aussi une piste pour rollers
Deux ou trois restaurants à thème fédérateur
L'installation du câble et d'un Mur de l'Amour
Où l'on pourrait écrire je t'aime sans détour

Elle réclamait enfin des gestes exemplaires
D'abord l'expulsion d'un vieux retardataire
Puis la dénonciation du voisin buraliste
Dont les deux filles étaient contractuelles lepénistes

Le Jour de la Fierté du patrimoine français
Quand on ouvre les portes des antiques palais
Elle se chargeait d'abord de bien vérifier
Qu'il ne manquait nulle part d'accès handicapés

Qu'il ne manquait nulle part d'entrées Spécial Grossesse
Qu'il ne manquait nulle part d'entrées Spécial Tendresse
Qu'on avait bien prévu des zones anti-détresse
Qu'il y avait partout des hôtesses-gentillesse

Faute de se faire percer plus souvent la forêt
Elle avait fait piercer les bouts de ses deux seins
Par un très beau pierceur sans nul doute canadien
Qui des règles d'hygiène avait un grand respect

Avec lui aucun risque d'avoir l'hépatite B
Elle ne voulait pas laisser son corps en friche
Comme font trop souvent tant de gens qui s'en fichent
Elle pensait que nos corps doivent être désherbés

Elle croyait à l'avenir des implants en titane
Phéromones synthétiques pour de nouveaux organes
Elle approuvait tous ceux qui aujourd'hui claironnent
Des lendemains qui greffent et qui liposuccionnent

Elle avait découvert le théâtre de rue
Depuis ce moment-là elle ne fumait plus
Elle pouvait de nouveau courir sans s'essouffler
Elle n'avait plus honte maintenant de s'exhiber

Elle attendait tout de même son cancer du poumon
Dans dix ou quinze années sans se faire trop de mouron
Elle préparait déjà le procès tâtillon
Qu'elle intenterait alors aux fabricants de poison

Faute de posséder quelque part un lopin
Elle s'était sur le Web fait son cybergarden
Rempli de fleurs sauvages embaumé de pollen
Elle était cyberconne et elle votait Jospin

Elle avait parcouru l'Inde le Japon la Chine
La Grèce l'Argentine et puis la Palestine
Mais elle refusait de se rendre en Iran
Du moins tant que les femmes y seraient mises au ban

L'agence Operator de l'avenue du Maine
Proposait des circuits vraiment époustouflants
Elle en avait relevé près d'une quarantaine
Qui lui apparaissaient plus que galvanisants

On lui avait parlé d'un week-end découverte
Sur l'emplacement même de l'antique Atlantide
On avait évoqué une semaine à Bizerte
Un pique-nique à Beyrouth ou encore en Floride

On l'avait alléchée avec d'autres projets
Une saison en enfer un été meurtrier
Un voyage en Hollande ou au bout de la nuit
Un séjour de trois heures en pleine Amazonie

Cinq semaines en ballon ou sur un bateau ivre
À jouir de voir partout tant de lumières exquises
Ou encore quinze jours seule sur la banquise
Avec les ours blancs pour apprendre à survivre

Une randonnée pédestre dans l'ancienne Arcadie
Un réveillon surprise en pleine France moisie
Une soirée rap dans le Bélouchistan profond
Le Mexique en traîneau un week-end à Mâcon

Elle est morte un matin sur l'île de Tralâlâ
Des mains d'un islamiste anciennement franciscain
Prétendu insurgé et supposé mutin
Qui la viola deux fois puis la décapita

C'était une touriste qui se voulait rebelle
Lui était terroriste et se rêvait touriste
Et tous les deux étaient des altermondialistes
Leurs différences mêmes n'étaient que virtuelles

# LÂCHE-MOI TOUT

Fous-moi donc la paix
Avec ma santé
Si je veux crever
Je t'ai rien demandé

Lâche-moi maintenant
Lâche-moi vraiment
Lâche-moi tout le temps
Lâche-moi réellement

Gros con malfaisant
Lâche-moi vraiment
On t'a rien demandé
Rends-moi mes amphés

Laisse-moi mes vices
Rends-moi mes délices
Mes Boyards maïs
Civilisatrices

Rends-moi mes Gitanes
Sans filtre et sans reproche
Et que Dieu te damne
Ou bien qu'il t'embroche

Tu pues le respect
Et tu pues la haine
Va donc t'occuper
De ta mort prochaine

Tu ne survis plus
Qu'en te croyant beau
De ne fumer plus
Tu es un corbeau

Lâche-moi localement
Lâche-moi totalement
Lâche-moi carrément
Lâche-moi pleinement

Tu es le vautour
Du Social sacré
Qui voltige autour
De ma liberté

Tu as bonne mine
Avec ta bonne mine
Ta connerie divine
Qui crie la famine

Je t'ai rien demandé
Veux-tu décamper
Depuis trop longtemps
Tu me nuis gravement

Rends-moi mes plaisirs
Qui me regardent seul
Je n'ai pas désir
De ta très sale gueule

Occupe-toi de toi
T'occupe pas de moi
Quand je suis sans toi
Je suis comme un roi

Lâche-moi premièrement
Lâche-moi deuxièmement
Lâche-moi troisièmement
Lâche-moi tout le temps

Je suis sans effroi
Quand je suis sans toi
Je suis sans pourquoi
Je n'ai jamais froid

Je suis sans émoi
Quand tu n'es pas là
Tu menaces ma foi
Par pitié tais-toi

Va-t'en choléra
Laisse-moi ma santé
Je t'appartiens pas
Va te faire torcher

Je ne partage pas
Tes buts sur la terre
Je ne souhaite pas
De vieux os y faire

Surtout avec toi
Ce sera sans moi
Je ne demande pas
D'aide humanitaire

Lâche-moi simplement
Lâche-moi purement
Lâche-moi brusquement
Lâche-moi subitement

Restitue-moi tout
J'ai rien réclamé
Redoute mon courroux
Rends mes voluptés

Mes psychotoniques
Et mes narcotiques
Et mes antalgiques
Très béatifiques

Et mes stimulants
Psychostimulants
Anorexigènes
Qui effacent la peine

Ceux du tableau B
Ceux du tableau C
Substances toxiques
Des plus sympathiques

Et tous les dopants
Et les stupéfiants
Et tous mes élans
Et les neiges d'antan

Lâche-moi gentiment
Lâche-moi salement
Lâche-moi méchamment
Lâche-moi totalement

Tu portes malheur
Avec ton bonheur
Ton précautionneux
Abus dangereux

Oublie-moi Ducon
Mets-toi bien profond
Toute ton obsession
De la protection

Va donc te faire mettre
Va te faire omettre
Te faire oublier
Arrête de faire chier

# CE QUE J'AIME

J'aime bien les routiers quand ils bloquent les routes
Et font de ce pays une longue déroute

J'aime les marins-pêcheurs quand ils ferment les ports
Et les ambulanciers qui ne portent plus les morts

J'aime de l'agriculteur les barrages filtrants
Et ses hargneux blocus me paraissent épatants

J'aime bien la start-up qui se casse la figure
J'aime la déconfiture de toutes ces raclures

J'aime le café-jeunes qu'un arrêté foudroie
Sur la plainte venue de quelque rabat-joie

J'aime la suffisance qui se voit comme le nez
Au milieu du visage de la modernité

J'aime qu'avec dans la voix des accents colériques
S'élève le salaud contre le nostalgique

Se dressent le saccageur et le dévastateur
Pour écraser enfin l'ultime conservateur

Se cabre le progressiste et s'insurge l'avanciste
Contre l'obscurantiste moisiste et passéiste

J'aime que le Tartuffe du moderne lyrique
Se lance dans une guerre vraiment catégorique

Contre les plus tragiques des vestiges archaïques
Dont on signale encore de très rares reliques

Coutumes antipathiques survivances maléfiques
Héritées d'autres temps vraiment pathologiques

J'aime le pompeux escroc du présent sans réplique
Lorsqu'il se félicite à longueur de rubriques

D'avoir remis en route l'Histoire tétanique
Désormais rétablie dans sa pure dynamique

Et tous les choléras de la nomenklature
Et les sagouins obèses de la sous-préfecture

Les bedauds répugnants de la cléricature
Qui te traitent d'abbé en flattant leur tonsure

Et j'aime que le patron du groupe Vivendi
Nous annonce qu'il se charge de tout et resplendit

Quand il n'est que l'exacte figure contemporaine
De la mort qui enfin vit une vie humaine

J'aime entendre baver tant de replets cochons
Heureux ceux d'entre nous qui au trou les verront

Mais j'adore surtout les demains qui déchantent
Les retards agaçants les notes discordantes

J'aime bien les atteintes au nouveau droit des gens
De libre-circuler en faisant du boucan

J'aime quand le chasseur lâche ses chiens méchants
Sur des miliciens Verts je trouve ça tordant

J'aime bien quand un car de touristes se renverse
Bourré de jeunes Allemands ou de vieilles d'Anvers

J'aime le rolleriste qui s'écrase par terre
Et le trottinetteur qui part le cul en l'air

J'aime bien l'imbécile qui se pèle le coccyx
J'aimerais mieux encore s'il traversait le Styx

J'aime son air épaté par la fatalité
Je resterais des heures à m'en émerveiller

J'aime cette maltraitance qui frappe à l'aveuglette
Et s'abat violemment sur le con à roulettes

J'aime ses yeux candides enfin désabusés
Découvrant que ce monde n'est que méchanceté

Qu'il recèle des tas de malhonnêtetés
Saletés préméditées et immoralités

Traquenards insoupçonnables au hasard embusqués
Dans les sombres dédales de l'incongruité

J'aime que le Tribunal pénal et viscéral
Anal et impartial royal et idéal

Voie de sa procédure la grandeur verticale
Se transformer soudain en échec colossal

Déception sans égale et régal impérial
Que reflète la tronche vassale et sépulcrale

De Madame Del Ponte procureur guttural
D'une juridiction très inquisitoriale

J'aime la Techno Parade qui se noie dans la boue
Quand les chars dégoulinent et les DJ's s'enrouent

J'aime la pluie qui disperse les fêtes carnivores
S'il tombait de la merde ce serait mieux encore

J'aime la féministe et sa rage vengeresse
Parce qu'elle comprend enfin qu'on parlait de ses fesses

J'aime l'homosexuel quand il dit comme un flic
Que contre l'homophobe il demande la trique

Et ces beaux libertaires qui t'envoient aux enfers
Et ces purs altruistes qui te mettraient aux fers

Et tous ces vigilants des causes assurées
Qui se campent en héros de causes désespérées

Et ces cafards méchants de tous les comités
Qui chantent sans répit le mensonge étoilé

J'aime la sociologue fortement hystérique
Parce que le partage des tâches domestiques

À lire les plus sûres études statistiques
Demeure depuis quinze ans totalement statique

Hormis les huit ou neuf minutes supplémentaires
Qui viennent s'ajouter aux heures réglementaires

Durant lesquelles les mâles les moins démissionnaires
Daignent participer aux corvées ancillaires

Faire sans rechigner de la puériculture
Et se pencher enfin sur leur progéniture

Jouir de torcher Arthur aux moindres entournures
Chasser les épluchures descendre les ordures

Nouer de Galatée les petites chaussures
Ou bien de Marjolaine nettoyer les bavures

Et de Néfertiti fertile en forfaitures
Empêcher qu'elle s'empare du pot de confiture

Huit minutes trente-sept tu parles d'un progrès
En quinze années de luttes tu parles d'un succès

À quoi donc a servi de les RTTiser
De les RTTifier de les RTTuler

De les RTTenter de les RTTouiller
De les RTTuer pour l'RTTernité

De faire régner sur eux sans la moindre pudeur
La pire et la plus noire des RTTerreurs

De les très fermement livretdepaternifier
De les très sévèrement congédematerniser

Si c'est pour qu'ils préfèrent aux couches du dernier
Ainsi qu'à ses peluches ses bouillies ses diarrhées

De chez Castorama le rayon bricolage
Ou bien de Jardiland le rayon jardinage

Et fuient de Tartigrad le rayon tartinage
De Nursery-City le rayon premier âge

Et cherchent à gagner loin de tout ce dressage
Du boxon le plus proche le rayon enfilage

J'aime les déceptions et les irritations
Et les désillusions et les réprobations

Et les contradictions et les claudications
Et les afflictions et les aberrations

Les insatisfactions et les renonciations
Les récriminations et les lamentations

J'aime que ce qu'ils croient soit en liquidation
J'aime que ce qu'ils aiment se trouve en perdition

Le week-end assassin et l'été en folie
Un tremblement de terre un camping englouti

Le voyagiste en crise et ses ruminations
Le tour-opérateur en pleine dépression

Devant le net recul des réservations
Et l'accumulation des annulations

J'aime le responsable de la chaîne hôtelière
Qui déplore un climat réellement délétère

Et s'émeut parce que la conjoncture morose
Pourrait dégénérer très vite en sinistrose

Le mobil-home qui fond dans la pinède en feu
L'ouragan qui mugit et supprime un chef-lieu

L'épidémie de Sras qui voyage en Boeing
La colline si belle avec tous ces parkings

J'aime bien le portable dont la batterie est nase
J'aime encore mieux celui qu'un autobus écrase

J'aime bien le moral des ménages qui se tasse
Et les bonnes intentions quand elles boivent la tasse

J'aime que l'on annonce d'un air désespéré
Une très mauvaise fréquentation des musées

J'aimerai certainement l'Europe fédérale
Lorsque je l'entendrai lâcher son dernier râle

J'aimerai bien l'euro si je le vois de dos
Et quand il n'aura plus que la peau sur les os

J'adorerai sûrement la mondialisation
Lorsqu'elle entamera sa décomposition

J'aime que les moyens de communication
Atteignent leur plus haut degré de perfection

Quand les populations dûment rééduquées
Ont perdu l'usage du langage articulé

J'aime les lendemains lorsqu'ils s'avachissent
Et les avenirs radieux qui soudain s'obscurcissent

Et j'aime de Jacques Julliard la pieuse indignation
Qu'on ose persifler en vers de mirliton

Mais on pourrait aussi avec des acrostiches
Tout aussi joliment le traiter de potiche

Et même pourrait-on juste avant l'hémistiche
En toute simplicité lui tirer le postiche

À moins qu'on ne préfère entre deux bouts-rimés
Sans peur et sans reproche lui manquer de respect

Et j'aime que Josy pressée par une envie
Dans un embouteillage qui traîne et qui moisit

Forcée de s'accroupir pour un petit pipi
Alors soudain découvre l'injustice de la vie

C'est pas normal crie-t-elle tous ces types debout
Qui pissent tranquillement et ensuite la secouent

Qu'on leur coupe le bout qu'on leur coupe le bout
Qu'on leur coupe le bout qu'on leur coupe le bout

Et j'aime l'asservi des chiottes médiatiques
Lorsqu'il voit démentis tous ses beaux pronostics

J'aime les sondages qui baissent et les cotes qui tombent
Et les bonnes opinions qui si vite retombent

J'aime les chiffres au rouge les indices au plus bas
Le trou de la Sécu et d'autres aléas

Les élections manquées qu'on croyait imperdables
Les lois inapplicables les décrets immangeables

J'aime ce qui achoppe et j'aime ce qui rate
Les projets qu'on remballe dans la plus grande hâte

Les programmes qu'on oublie et les plans qui s'effacent
Les concepts sans suite les gestes qui se cassent

Les idées qui se perdent un beau jour dans les sables
Les théories mort-nées les complots invendables

Les intentions échouées les thèses insoutenables
Et les vues de l'esprit qui deviennent improbables

Les défenses révocables et les liens effaçables
Et les pires tentatives parfaitement dépassables

Car c'est dans l'échec seul que la liberté vit
Et toute réussite bientôt l'anéantit

# TU L'AS VOULU

Tu as voulu
Être foutue
Tu l'as dans le cul
Tu ne te sens plus

# C'EST LA RENTRÉE

Les médiatiques et leurs flicards
Les méphitiques et leurs tocards
Les hystériques en camping-car
Les amnésiques et leurs mouchards

Les colériques et les clochards
Les cubiques modiques au caviar
Les archaïques dans le coaltar
Et les crottes de bique en Jaguar

Les rachitiques hypercritiques
Dithyrambiques d'arrière-boutique
Les éclectiques hypothétiques
Les iniques monosyllabiques

Les avatars les plus jobards
Les tétards rongés du cafard
Et les vantards toujours en retard
Et les tortillards du braquemart

C'est la rentrée dans les pourtours
C'est la honte à tous les péages
Les enculés sont de retour
Leur persistance me fout la rage

# CE QUE ME DIT TON CUL

Ton cul est au menu
De ce jour de paresse
Cent fois tu es venue
Me présenter tes fesses

J'attends ton pas rapide
En cette journée sordide
Où moi je suis avide
De tes caresses lucides

Tu sais bien comme moi
Que tout est terminé
Mais nous sommes encore là
Il faut bien s'enfiler

Rien ne reviendra plus
Les beaux jours ont passé
Rien ne remontera plus
Les temps sont pacifiés

Rien ne renaîtra plus
On n'ira pas plus oultre
L'univers est conclu
Et tu viens te faire foultre

On n'ira plus au bois
La fin a commencé
Montre-moi ton détroit
Il vaut mieux s'empaler

Rien ne s'inventera plus
Les lauriers sont coupés
Tes jarretelles sont foutues
Les lilas sont fanés

Au dimanche de la vie
Lorsque tout est fini
Tu viens entrebâiller
Ta clairière étoilée

À pas précipités
Lorsque tout se périme
Tu viens être victime
De ma lubricité

Si jeune ton cul pourtant
Est aussi très ancien
Doublement enchantant
C'est pour ça que j'y tiens

C'est qu'il rassemble en lui
Tout le passé perdu
L'Histoire révolue
C'est pour ça qu'il reluit

C'est pour ça qu'il retient
Dans son cercle charnel
L'écume universelle
Du passé diluvien

Et Caïn et Abel
Dans son trou torrentiel
Babel et Raphaël
Et tous les archipels

Le plaisir est parti
Il est tout où je suis
Lorsque tu t'étends là
Toute nue sur le sofa

Alors nous héritons
Ensemble et pour toujours
De ce monde sans pardon
Qui brillait comme le jour

De ce monde oublié
De ce monde rejeté
De ce monde sacrifié
De ce monde effacé

De ce passé maudit
Dont ils ne veulent plus
De ce vieux paradis
Qu'ils jettent aux détritus

De ces ciels calomniés
De ces heures démodées
De cette écume noire
Qui s'appelait l'Histoire

De cette confusion
De cette exaltation
De ces consternations
De ces transformations

De ces constellations
De ces conspirations
De ces constitutions
De ces consolations

De ce monde abaissé
De ce passé blessé
De ce monde renié
De ce passé gommé

C'est pour nous seulement
Que tout a été fait
C'est pour nous simplement
Que ton cul le gardait

C'est pour toi et pour moi
Que tout fut accompli
Le jour en plein midi
Et les peuples aux abois

Les mercenaires de Rome
Et les bons éléphants
Et les échecs de l'homme
Et tous ses manquements

Et le bien dans le mal
Et l'autre et le pareil
Et la femelle du mâle
Et les jours sans soleil

Et la cause et l'effet
Et tous les alphabets
Les pendus des gibets
Les pages des pamphlets

Et les conjurations
Et les destitutions
Et les abjurations
Et les incorrections

Le chant des rossignols
Le grondement dans les pins
Le souffle des atolls
Et le saut des dauphins

Et le rationalisme
Et le nominalisme
Le néo-criticisme
Et le matérialisme

Et la longue herbe noire
Des pluies jubilatoires
Des printemps et des soirs
Qui pleurent dans ma mémoire

Et le même et son frère
Et le bien et ta sœur
Les saisons et les heures
Et toute la grammaire

Et les nations cruelles
Et les nations martyres
La chasse aux bartavelles
Le meilleur et le pire

Les vins consolateurs
Et les amphétamines
Le tabac salvateur
Les drogues clandestines

C'est pour nous seulement
Que tous ont travaillé
C'est à nous seulement
Qu'ils se sont adressés

Ton cul garde l'écho
Des anciens abordages
Il réveille l'écho
Des plus anciens ravages

Des plus anciens pillages
Des plus vieux des saccages
De tous les défonçages
De tous les marchandages

De tous les abattages
De tous les effeuillages
De tous les brigandages
Mais jamais Paris-Plage

Et des vagabondages
Et des carambolages
Et des libertinages
Et jamais Paris-Plage

Ton cul garde en mémoire
Les anciens interdits
Ton cul garde au saloir
Les trucs les plus maudits

Ton cul garde le sens
Des plus vieux des délits
Ton cul a le bon sens
D'aimer la perfidie

Ton cul a le parfum
Des scandales oubliés
Ton cul est au parfum
Des pensées prohibées

Il contient ce qui fut
Et qui ne sera plus
Les peuples révolus
Et les peuples vaincus

Et les forêts de bronze
Et les maisons des bonzes
Et les Perses et les Huns
Et les Saducéens

Et les rhétoriciens
Et les musiciens
Les métaphysiciens
Et les dialecticiens

Estelle et Gabriel
Le sourire de Hegel
Et tout l'irrationnel
Et tout l'intentionnel

Ton cul garde en mémoire
Tous les anciens pillages
C'est le conservatoire
Des plus récents naufrages

C'est le laboratoire
Des plus anciens langages
Et c'est le purgatoire
Des plus vieux gaspillages

Ton cul garde la trace
De la vraie vie vécue
En lui rien ne s'efface
De tous les autres culs

Il ne porte pas trace
Du présent qui s'entasse
Il n'a rien conservé
Du moderne damné

Ton cul ne connaît pas
Nos modernes débats
De lui est ignoré
Bertrand Delanoë

Et ses projets maudits
Ses complots impunis
Il les passe à la trappe
Et les jette et les zappe

Et les chaussures Prada
Et le temps des achats
Et Paris d'aujourd'hui
Complètement détruit

Et la réduction
De la dépense publique
En signe pathétique
De notre soumission

Et la nouvelle monnaie
Toujours pas dans les têtes
Saleté qui nous effraie
Infortune complète

Ton cul n'est pas l'avenir
Du réseau Internet
Moins encore le devenir
De la conne à poussette

J'écoute en l'approchant
Les souvenirs enfuis
Des Empires évanouis
Et des morts obsédants

J'écoute en l'embrassant
Les voix les plus perdues
Et les plus révolues
Des anciens continents

Et les présocratiques
Et les mégalithiques
Les mélodramatiques
Et les patriotiques

Et la Thrace et Memphis
Thémis et Artémis
Le jugement de Pâris
Et tous les clitoris

Et Sparte et le désert
Et les tentes d'Israël
Et tous les cimetières
Et les paix perpétuelles

Et toutes les funérailles
Et toutes les représailles
Et toutes les semailles
Et toutes les ripailles

Et Patmos et Homère
Et Tacite et Cythère
Et saint Jean Chrysostome
Et même le Fils de l'Homme

Et les vieux pavillons
Et les vieilles convictions
Et les vieilles ambitions
Et les vieilles opinions

Darius et l'océan
Sophocle et Coriolan
Moïse et Léviathan
Et gros Jean comme devant

Les trois Théologales
Les quatre Cardinales
La grâce prévenante
Et la grâce sanctifiante

Et Balzac et Ulysse
Hélène à la pelisse
Et de Pantagruel
Le génie éternel

Nous prenons les désastres
Et les épidémies
Tout ce que l'ennemi
Appelle nostalgie

Nous sommes toi et moi
La suite sans effroi
De ce monde oublié
De ce monde largué

De ce monde noyé
De ce monde effacé
De ce monde expédié
De ce monde crucifié

De ce monde balayé
De ce passé dénié
De ce passé lâché
De ce monde gâché

De ce monde lapidé
De ce monde suicidé
De ce monde calomnié
De ce monde diffamé

De ce passé pillé
De ce passé purgé
De ce passé radié
De ce passé giflé

De ce monde impensé
De ce monde insensé
De ce monde incendié
De ce monde inventé

De ce passé saigné
De ce passé rayé
De ce passé saqué
De ce passé viré

Ce passé renvoyé
Ce passé récusé
Ce passé licencié
Et sans indemnités

Nous sommes vivants encore
Car nous sommes aux abois
Tu es vivante encore
Car tu es hors-la-loi

J'entends ton pas rapide
En cette journée splendide
Où je suis à l'affût
De l'esprit de ton cul

# DISPOSITIONS EXCELLENTES

J'avais tout essayé en des nuits infernales
Pour que tu cries enfin que je te faisais mal
Pour que tu râles enfin et que tu te tortilles
Pour qu'enfin tu frétilles et que tu t'égosilles

J'avais tout essayé pour que tu t'émoustilles
Pour voir tes seins trembler et que ton cul grésille
Pour que tes yeux vacillent et ta pastille croustille
Pour que tu tangues et roules comme une vaste flotille

Je voulais t'écouter gueuler comme un gorille
Je voulais que tu brailles comme quelqu'un qu'on étrille
Que ta chevelure saute et ton ventre scintille
Qu'ensuite et de très loin tu rentres à la godille

J'ai recherché pour toi les pires des positions
J'ai testé sans relâche les pires des situations
J'ai même bravé parfois ma propre répulsion
J'ai cherché avec toi ton excitation

Je t'ai vraiment tout fait pour que tu t'évanouisses
Et pour que la lumière monte d'entre tes cuisses
Nous nous sommes infligé de curieuses postures
Qui nous laissaient ensuite de drôles de courbatures

J'ai expérimenté avec toi bien des choses
La brouette du Gabon et le ténia virtuose
Le gazon du Mali le gourdin du Bénin
Le jeu des neuf familles et des sept petits nains

Ensuite j'ai essayé la tortue à la diète
Les pinces monseigneur et l'oreille de la muette
La pergola gothique et le poulpe persan
Et le trou du souffleur et les coudes en dedans

Le portable furtif la pierre dans mon jardin
La casquette bulgare et le retard du train
J'ai même un jour tenté l'étagère maltaise
Sans déclencher en toi le plus petit malaise

Le fouet qui va tout seul et la banane optique
L'anneau de la victoire et le rat d'Amérique
Le manche sans la coudée la culasse exotique
Le sabot rotatif et l'épine cosmétique

Et j'ai cherché encore d'autres manières de faire
Afin que tu reluises et que tu vocifères
Afin que tu rutiles et mordes la poussière
Et que toute la chambre en soit caniculaire

Le coup de la vache folle ou du cochon pendu
Celui des trois orfèvres et des quatre barbus
La thalasso maudite l'éléphant baladeur
La tonte du mouton noir et l'octogone en fleurs

Le testing au citron la liste de mariadage
La politique du clic et celle du ferroutage
Le raid du bout du monde et la main de ma sœur
Et même le coup de l'équilibre de la terreur

J'ai cherché dans la nuit bien d'autres procédures
Et dans plusieurs ouvrages encore d'autres figures
J'ai étudié longtemps de très vieilles gravures
Où c'était toi toujours qui étais ma monture

Ainsi j'ai découvert encore des solutions
Qui auraient dû complaire à ta dépravation
La crémière en folie le planisphère beauceron
Les caprices d'Uranus sur la tige d'Endymion

Trois mômes dans un bateau les Hauts de Burnevent
Le schisme dans la vallée les foldingues au couvent
Le trafic d'influence et les deux confidents
Laurent l'indifférent la chaise du pénitent

Le tarot criminel et le doigt du Bouddha
L'archonte du chat perché le python pas sympa
Ce qui se passe vraiment à Copacabana
Quand la culotte du zouave quitte le pont de l'Alma

Et je me suis encore longtemps creusé la tête
Ne voulant pas si vite accepter ma défaite
Pour faire lever en toi les plus noires des tempêtes
Et je t'ai proposé encore d'autres saynètes

Le tournevis breton la girafe en goguette
Le scarabée pique-prunes ou l'avenir des levrettes
La fente du bambou et l'heure de la cueillette
Et je t'ai suggéré encore d'autres courbettes

Un soir je t'ai montré le truc de la girouette
Qui sans les accessoires ne vaudrait pas tripette
Un autre soir j'ai fait celui de la soubrette
Et puis un autre encore la queue de la comète

Cinq ou six nuits de suite nos gesticulations
Ébranlèrent la maison jusqu'en ses fondations
La chambre n'était plus que palpitations
L'ombre avait la couleur de nos trépidations

Séquence par séquence nous avions entrepris
De tous les mouvements l'essai approfondi
De tous les scénarios connus ou inédits
L'expérimentation sans peur ni compromis

La calculette suédoise et la marmite qui rit
Ou le coup des oreilles de Disneyland-Paris
La position du crabe et la jambe du marquis
L'image dans le tapis et la grosse cavalerie

Vénus dans le Scorpion quand elle l'a en losange
Le truc du casse-bonbon celui de la mésange
La position du singe et celle des vendanges
Celle du facteur pressé et celle des deux oranges

Le vététiste en rut l'audioguide de Tourcoing
Les sept Muses sous la table l'œil du Carolingien
Le diable au bénitier le quatrain thibétain
L'arrière-train de la chèvre à l'aise sur ses coussins

Les ailes du deltaplane et la pauvre orpheline
Mademoiselle est servie voilà sa vaseline
La tranche napolitaine le petit train des Pines
Joséphine et Pauline n'ont plus qu'une aubergine

La midinette chinoise le brouteur de Cythère
La flèche du Sagittaire et l'index du notaire
Le soleil de Satan et la faute à Voltaire
Les cris de la fermière et ceux de la panthère

Mais rien de tout cela n'a pu te dérider
Et c'est beaucoup plus tard que j'ai enfin appris
Ce qu'il fallait te faire pour te voir éblouie
Mais c'était bien trop tard tu t'étais en allée

# MEZZANINE

Il était une fois
Un bel escalier
Rue des Possédés
Six marches de bois

Tu le monteras
Ce chemin de croix
Ce chemin vers moi
Ce chemin de roi

Et tu trouveras
Sous le vasistas
Car tu cries famine
Mes couilles et ma pine

# 10 SEPTEMBRE 2001

Il faisait chaud sous les tilleuls
De ce restaurant de Breteuil
Tu avais mangé du chevreuil
Et moi du lapin au cerfeuil

C'était une très belle soirée
Tu m'as dit on dirait l'été
Puis vers le ciel tu as levé
Soudain ton beau regard blessé

Quelque chose en haut s'annonçait
Mais tu paraissais plutôt gaie
Et pourtant tu as murmuré
Que tout te semblait terminé

Je crois que je n'ai plus envie
De poursuivre encore ma vie
La jeunesse maintenant a fui
Je dis adieu à ma survie

Je ne veux pas que tu me voies
Devenir vieille mois après mois
Je n'ai plus très envie je crois
De nous voir vieillir toi et moi

J'aurais bien voulu répliquer
Mais une panne d'électricité
Frappant d'un seul coup le quartier
Dans les ténèbres nous a plongés

Nos voisins ont alors chanté
De très bruyants Happy birthday
C'étaient les membres d'un congrès
Pour une mondialisation sans frais

Avec des gestes frénétiques
Ils guettaient l'arrivée classique
D'un gros gâteau automatique
Et ses bougies systématiques

C'étaient des crétins pacifiques
Ce n'était qu'une panne électrique
Et non le Jour des jours tragiques
De l'attaque apocalyptique

C'était une très belle soirée
On aurait presque dit l'été
Sous les étoiles se préparait
Un grand bond pour l'humanité

J'ai fait encore un calembour
Tu as retrouvé ton humour
Nous pensions encore mon amour
Que demain serait un autre jour

# AVRIL 2003

Le crétin du Kansas
Au milieu du désert
Qui cuit sous la poussière
Et se croit au Texas

Garde tout ça pour toi
Surtout n'en parle pas

Cette bourrique acrylique
Sous son caparaçon
Truffée d'électronique
Harnachée comme un con

Garde tout ça pour toi
Surtout n'en parle pas

Ce Matamore merdique
Débarqué d'Amérique
Avec une tête de zob
Qui veut finir le job

Garde tout ça pour toi
Surtout n'en parle pas

Et prendre Babylone
Au nom du Pentagone
Puis qui veut retourner
Sa vie de con mener

Garde tout ça pour toi
Surtout n'en parle pas

À Kansas City
Et retrouver Nancy
Qui est encore plus conne
Mais lui il la trouve bonne

Garde tout ça pour toi
Surtout n'en parle pas

Et reprendre sa vie
De parfait abruti
De châtré génétique
Loin du Golfe persique

Garde tout ça pour toi
Surtout n'en parle pas

Et ils vivront longtemps
Et leur premier enfant
S'appellera Tiffany
Ou peut-être Mary

Garde tout ça pour toi
Surtout n'en parle pas

Ou encore Dorothy
Peut-être même Cherry

Elle sera trisomique
Et c'est le plus comique

Garde tout ça pour toi
Surtout n'en parle pas

Et cet autre abruti
Qui vient d'Arizona
Qui tue n'importe qui
Qui tire n'importe quoi

Garde tout ça pour toi
Surtout n'en parle pas

Qui veut laver dans le sang
L'affront de Manhattan
Et punir Ben Laden
En tuant Saddam Hussein

Garde tout ça pour toi
Surtout n'en parle pas

Effacer la vision
De ces gros avions
Qui enculent la nation
Sans tergiversation

Garde tout ça pour toi
Surtout n'en parle pas

Et qui rase le désert
Et qui sème l'enfer
Et qui flingue les palmiers
Comme les chameliers

Garde tout ça pour toi
Surtout n'en parle pas

Et tire dans le tas
Et se marre parce qu'il a
Coupé le téléphone
Rendant l'Irak aphone

Garde tout ça pour toi
Surtout n'en parle pas

Mais qui rigole moins
Quand il appelle chez lui
À Phœnix et en vain
Il en reste ébahi

Garde tout ça pour toi
Surtout n'en parle pas

Qu'est-ce que fout Samantha
Pourquoi répond-elle pas
Là-bas il le sait bien
C'est le petit matin

Surtout n'en parle pas
Surtout n'en parle pas
Surtout n'en parle pas
Surtout n'en parle pas

# NOUVELLE CUISINE

Un Américain
Ça s'accommode bien
Avec des épices
Ça fait mes délices

Un Américain
Ça se mange sans faim

Un Américain
Se mange comme rien
Cuit à l'étouffée
Ou en entremets

Un Américain
Ça se mange sans faim

Un Américain
Après le potage
Ça se mange sans pain
Avant le fromage

Un Américain
Ça se mange sans faim

Un Américain
Avec du cumin
Ça se déguste tiède
C'est un vrai remède

Un Américain
Ça se mange sans faim

Un Américain
C'est très bon bouilli
Avec des raisins
C'est très bon aussi

Un Américain
Ça se mange sans faim

Un Américain
Bien nourri au grain
C'est un mets de roi
Avec des gambas

Un Américain
Ça se mange sans faim

Un Américain
C'est vraiment très sain
Avec du gratin
Et un verre de vin

Un Américain
Ça se mange sans faim

Un Américain
Ou même au besoin

Deux Américains
Font un plat divin

Un Américain
Ça se mange sans faim

Mais on peut aussi
Le faire en beignets
Caramélisés
Et surtout bien frits

Un Américain
Ça se mange sans faim

Un Américain
Ça se décortique
Avant le festin
C'est plus diététique

Un Américain
Ça se mange sans faim

Une Américaine
C'est encore meilleur
À l'armoricaine
Pour les connaisseurs

Un Américain
Ça se mange sans faim

Une Américaine
Avec un bon vin
Bourgogne ou touraine
Fait un mets souverain

Un Américain
Ça se mange sans faim

Un Américain
Deux Américaines
Trois Américains
Quatre Américaines

Les Américains
Ça se mange sans faim

# FUTUR ÉTERNEL DE SUBSTITUTION

Nous aurons des journées nationales et mondiales
Nous aurons des journées régionales et fatales
Nous aurons des années locales et conviviales
Nous aurons des conneries quinquennales et florales

Le jour de la colère pour les nains en couleurs
Le jour de la couleur pour les uns en chaleur
Le jour de la galère pour les autres en longueur
Le jour de la fureur pour tous les non-fumeurs

Le jour des asthmatiques et des syphilitiques
L'année des schismatiques et des paraplégiques
La semaine des jeudis pour gnostiques apathiques
Et celle des quatre samedis pratiques et entropiques

Même après le lendemain du premier jour d'Après
Quand les quatre horizons finiront de brûler
Par-delà le dégoût et par-delà l'horreur
Nous aurons des journées comme à la première heure

Le printemps des bretelles qui commence en décembre
Et l'année des sauterelles qui a lieu en juillet
La kermesse des rebelles qui dure toute l'année
Et l'année des pucelles qui finit en septembre

Par-delà le dégoût et par-delà les pleurs
Nous aurons des journées comme avant le malheur
Par-delà le dégoût et par-delà ta peur
Nous aurons des journées pour faire battre ton cœur

Le quart d'heure de Rabelais qui se lève de bonne heure
La minute enchantée pour un jour de bonheur
La soirée spécialement réservée aux suceurs
La matinée des connes au regard de malheur

Même après la débâcle et le premier matin
Même après la déroute hors du dernier Jardin
Même après le dernier du dernier des humains
Et même après la fin de la fin de la fin

Par-delà ton dégoût et par-delà ta peur
Nous aurons des soirées pour les anciens fumeurs
Par-delà ton dégoût du monde extérieur
Nous aurons des journées en long et en largeur

Nous aurons des ardeurs pour les anciens viveurs
Et nous aurons des vies pour les anciens vivants
Et nous aurons des oui pour les approbateurs
Et nous aurons des ânes pour nous crier hi-han

Nous aurons des pique-niques sur le périphérique
Des séances impudiques dans les vieilles basiliques
Des dimanches sabbatiques et des lundis lyriques
Des mercredis cyniques des vendredis cliniques

La nuit des quatre lunes dans les villes d'Europe
Et le jour de l'Europe pour détruire l'Europe
Et l'Europe détruite qui fête sa destruction
Et la destruction qui jouit sans rémission

Il nous restera tout puisque rien n'existait
Il nous reviendra tout puisque tout languissait
Rien ne sera fini puisque tu existais
Et rien n'existera puisque tu souriais

Même après le désastre et le dernier Jugement
Même après le naufrage et nos derniers tourments
Même après les tourments et le dernier orage
Même après le désastre et le dernier ratage

Nous aurons des années comme s'il en pleuvait
Nous aurons de l'avenir comme s'il y en avait
Et nous aurons le temps même après son décès
Et nous aurons le monde même s'il a éclaté

Même après l'abordage et le dernier outrage
Même après le pillage et les enfantillages
Et le dernier charnier et le dernier merdier
Même après le dernier des derniers des derniers

Même après le pillage après le torpillage
Même après l'abordage après le rhabillage
Même après le saccage et le déshabillage
Même après ton corsage qui vaut bien ton ramage

Nous aurons des semaines pour tout ce qui était
Nous aurons des journées pour les anciens étés
Nous nous rappelerons même notre antique foi
Par moments nous songerons à ses plus dures lois

Nous aurons des journées d'amour reconstitué
Nous aurons des années pour le monde envolé
Nous aurons des années pour les années tuées
Nous aurons des journées pour l'avenir révoqué

Nous aurons des caresses à la place des caresses
Nous aurons des trucages en place des artifices
Et j'aurai même tes fesses pour remplacer tes fesses
Et le vrai paraîtra toujours aussi factice

Et ta vie paraîtra toujours aussi bidon
Tout ce que nous avions nous l'aurons à foison
Rien ne s'évanouira je veux te rassurer
La fin du monde est douce elle est déjà passée

Et demain paraîtra comme si c'était hier
Et l'Histoire paraîtra comme elle était hier
Et tu pourras très bien dire que l'art existe
Puisqu'il nous manque encore beaucoup de squats d'artistes

Et hier paraîtra comme si c'était demain
Et demain semblera un jour fait à la main
Et l'inhumain saura se rappeler l'humain
Et le lointain vaudra ce que vaut le prochain

La fin du monde est douce elle est déjà finie
Rien ne s'est évanoui de ce que tu chéris
Et l'aboli lui-même revient dans l'aboli
Et je suis parmi toi comme l'oubli dans l'oubli

Le monde a disparu dans l'éclair que tu sais
Mais ce n'était que pour encore mieux perdurer
Tout ce que nous aimions n'en a que plus d'éclat
La fin du monde survit dans le téléachat

N'aie pas peur mon amour il restera le jour

# SANS MOI

Le moral des ménages qui a encore baissé
La crainte qu'on sent rôder sur les marchés boursiers
L'indice européen publié par l'Insee
Qui donne des résultats fortement dégradés

Sans moi ni moi ni moi
Ni moi ni moi ni moi

Le secteur aérien en chute continuelle
Qui entraîne avec lui l'industrie touristique
Dans la bourrasque affreuse d'une toute nouvelle
Épidémie de pneumopathie atypique

Sans moi ni moi ni moi
Ni moi ni moi ni moi

Recettes de saison trouvailles autrement
Petits plats du Gabon avec des condiments
Tout est prêt maintenant viens vite te mettre à table
Ton dîner mon chéri est vraiment délectable

Sans moi ni moi ni moi
Ni moi ni moi ni moi

Librairie-bar à vin anti-consumériste
Où l'on trouve des tee-shirts vraiment non conformistes
Aux slogans drolatiques parmi lesquels voisinent
Dans un joyeux fatras Bourdieu et Bakounine

Sans moi ni moi ni moi
Ni moi ni moi ni moi

Les statistiques le disent les experts le précisent
Les enquêtes le redisent les sondages le prédisent
Les prospectives elles-mêmes sont très déclaratives
Les meilleures analyses sont toutes affirmatives

Sans moi ni moi ni moi
Ni moi ni moi ni moi

Des performances d'acteurs dans des installations
Visuelles et sonores d'artistes intervenants
Qui interrogent l'espace et les interventions
Des transmissions transmises chez les intervenants

Sans moi ni moi ni moi
Ni moi ni moi ni moi

Changer enfin la France par le paritarisme
Et gagner en douceur la guerre du féminisme
Par des campagnes de sensibilisation
Destinées à séduire les jeunes générations

Sans moi ni moi ni moi
Ni moi ni moi ni moi

Ma vie au banc d'essai mes idées à l'engrais
La voie formalisée d'un regard distancié

Nous sommes de trop d'images amplement saturés
Il faut réinventer la sensibilité

Sans moi ni moi ni moi
Ni moi ni moi ni moi

Les femmes au silicone et leur trou aux hormones
De leur flore et leur faune elles te feront l'aumône
Les femmes au téléphone et leur beauté atone
L'harmonie règne enfin sous la couche d'ozone

Sans moi ni moi ni moi
Ni moi ni moi ni moi

Le Choc et la Stupeur et ses missiles ciblés
Les avions bombardiers qui viennent de si loin
Surchargés à l'excès de projectiles malins
Civiliser le Tigre et l'Euphrate comblés

Sans moi ni moi ni moi
Ni moi ni moi ni moi

Le marché aux oiseaux dans Bagdad encerclée
Qui rouvrait le matin on n'est pas en Corée
Et qui fermait le soir dans Bagdad écrasée
Et c'était comme un rêve on n'est pas en Corée

Sans moi ni moi ni moi
Ni moi ni moi ni moi

Clémentine qui renoue avec l'art encagé
En essaimant de nuit dans les cages d'escalier
Des notes de musique faites en papier mâché
Sur lesquelles en grosses lettres on lit Obéissez

Sans moi ni moi ni moi
Ni moi ni moi ni moi

Jean-René qui renoue avec la photo floue
Créateur inclassable qui veut marier Mickey
Avec le dadaïsme et le culte vaudou
Réinventant ainsi la dissidence vraie

Sans moi ni moi ni moi
Ni moi ni moi ni moi

La télé qui renoue avec sa vraie mission
Qui est de rendre compte de nos obsessions
Dans des comptes-rendus libres de concession
Afin de renouer avec l'insoumission

Sans moi ni moi ni moi
Ni moi ni moi ni moi

Le parc paysager la promenade plantée
L'atelier jardinage du square de Tanger
Où Natacha renoue avec les potagers
Qu'elle dit être d'abord des lieux où résister

Sans moi ni moi ni moi
Ni moi ni moi ni moi

Un vrai dispositif disponible jour et nuit
Et des correspondants répondant aux conflits
Pour les désamorcer avant qu'ils ne s'amorcent
Et dialoguer entre eux en s'exprimant en morse

Sans moi ni moi ni moi
Ni moi ni moi ni moi

Delanoë damné et sa gueule de tramway
Ses trottoirs à poussettes et ses complots pluriels
Son bétail culturel destiné à rester
Sa fabrique de plages et ses Verts criminels

Sans moi ni moi ni moi
Ni moi ni moi ni moi

L'infime Delanoë sans honte et sans remords
Ses projets infamants son sourire de pendu
Son existence même qui sans cesse déshonore
De la simple raison les derniers détritus

Sans moi ni moi ni moi
Ni moi ni moi ni moi

Encore Delanoë qui parle de l'attente
De tous ces morts-vivants qu'on appelle Parisiens
Et qui n'existent plus depuis des temps anciens
Qui virera ce con et sa connerie glaçante

Sans moi ni moi ni moi
Ni moi ni moi ni moi

La place Sainte-Marthe bien réaménagée
Devenue lieu de vie avec des cours fleuries
Des sculpteurs débutants qui se réapproprient
Veillant à empêcher qu'elle devienne rue-musée

Sans moi ni moi ni moi
Ni moi ni moi ni moi

Et le squat rénové de la friche musicale
Espace d'émergence pour programmes créatifs

Énergies collectives actes alternatifs
Dans le cadre d'un vrai projet municipal

Sans moi ni moi ni moi
Ni moi ni moi ni moi

Vermeer est au Prado cours-y sans hésiter
On compte encore bien trop de pères réfractaires
Aux perspectives du congé paternité
Chez les salariés en situation précaire

Sans moi ni moi ni moi
Ni moi ni moi ni moi

Je m'en vais de ce pas voir la Dokumenta
Qui se tient cette année tout près de Bassora
Elle remporte m'a-t-on dit un énorme succès
Et ne va pas prétendre que c'est pas un progrès

Je me garderai bien d'être si discourtois

Je dis sans moi sans moi
Je dis sans moi sans moi
Ni moi ni moi ni moi
Ni moi ni moi ni moi
Ni moi ni moi ni moi
Ni moi ni moi ni moi
Ni moi ni moi ni moi
Ni moi ni moi ni moi

# LA COMÉDIE HUMAINE

Il est couleur fluo chez Papiers et Collés
Elle est Persépolis chez Précaire et Carré
Il est péteur de plombs chez Paniers et Percés
Elle est association chez les Désassociés

Il était bruit qui court chez Plusieurs arguments
Elle était auxiliaire pour Partie seulement
Il était fréquence jeune sur Radio Danse du scalp
Elle était fongicide sur la route des Alpes

Il est de quoi je me mêle chez Devoir d'ingérence
Elle est plus jamais ça au Livre des Records
Il est toilettes publiques pour Devoir d'indécence
Elle est auxiliaire chez les Dents de la mort

Elle était eau potable chez Osmose et Filtrages
Il était symbolique chez Symbole et Carnage
Elle était standardiste dans le téléphone rouge
Il était roi des cons pour la reine des courges

Il est dernier quart d'heure chez les Comptes à rebours
Elle est couleuse de bielles chez Dissimilitude
Il est littérature contre la solitude
Elle est succès posthume chez Ça vaut le détour

Il était Roméo et vendait des pizzas
Elle était Juliette dans la pizzeria
Il était mise en scène de la sottise humaine
Elle était mise en bouche à la borne-fontaine

Elle est poème en prose sur post-it seulement
Il est metteur ailleurs au-dessous du volcan
Elle est metteuse en lieu le jour du ramadan
Il est chorégraphie chez les Emboîtements

Elle était mieux en mieux chez Tout va comme ça peut
Il était certitude seulement en altitude
Elle était solitude chez Excusez du peu
Il était volontaire au Café Servitude

Il est espace offert par l'agence Exprimez
Elle est marque sans marque chez Étiquette blanche
Il est jour sans achats chez Baisez protégés
Elle est très radicale chez Du côté du manche

Il était deux ou trois chez Émancipation
Elle était vrai changement à Production sexuée
Il était archaïsme chez Immortalité
Elle était mixité chez Association

Elle est coton rayé chez Collections d'été
Il est calcul de coût chez Vestiges d'époque
Elle est zone inondée chez Ce que ça évoque
Il est plaisir des yeux chez Remise en beauté

Il était Témesta chez On n'entend plus rien
Elle était digicode chez Retrait dépassé
Il était placebo chez les Mérovingiens
Elle était jour d'oubli chez Fugitive gaieté

Elle est mise en abîme chez Habitat d'hiver
Il est multifonction chez la Cause et l'envers
Elle est norme sexuée chez Parcours atypique
Il est déconstruction chez Pollution éthique

Il était discussion entre deux cartes à puce
Elle était mal en point chez Antidépresseur
Il était égaré aux confins de la peur
Elle était pas de contacts chez Terreur des virus

Il est flûte enchantée le Jour des vieilles pivoines
Elle est hernie discale au Bar de L'Abondance
Il est plasticien le long des anciennes douanes
Elle est psychorigide sauf pendant les vacances

Il était c'était mieux chez Autrefois chez toi
Elle était pieds dans l'eau en bordure de canal
Il était numérique dans la Vallée des rois
Elle était lieu magique alternatif rural

Il est riverain content chez les Frères fondateurs
Elle est mère de programmes chez Iodure métallique
Il est analyseur chez les Contrefacteurs
Elle est capable de tout chez Réduction cosmique

Elle était pompe le nœud chez Insulte sexiste
Il était c'est mon doigt chez Culbute fétichiste
Elle était jambes en l'air chez Images dégradantes
Il était culbuteuse chez les Intermittentes

Elle est opérateure à Comme dans du beurre
Il est dénonciateur à 36-15 Délate
Elle est décorateure malgré les détracteurs
Il a toujours la trique chez La Batte qui se dilate

Ils se sont rencontrés chez Pensée coup de poing
Ils se sont enlacés au festival du coin
Ils ont dîné ensemble aux Laboureurs d'étoiles
Ils sont entrés ensemble chez Collectage oral

Il a eu des faiblesses chez Racines occitanes
Pour une preneuse de risques aux allures de tzigane
Elle-même s'est enflammée chez Contre-indication
Pour un preneur de son ennemi des conventions

Ils se sont séparés et c'est bien mieux ainsi
Sur des sonorités et rythmes d'aujourd'hui
Ils se sont retrouvés chez Dérailleurs de trains
Mais ils avaient perdu l'un et l'autre leur entrain

Elle était patrimoine lorsque tout a merdé
Il était événement quand tout a chaviré
Elle était catastrophe quand ça s'est renversé
Il était grand écart quand elle s'est écartée

Il était fin finale quand ça a débuté
Elle était monde d'avant chez Regrets éternels
Il était et après quand ça a explosé
Elle était et alors dans le grand rire du ciel

Ils étaient maintenant chez Maintenant et maintenant
Ils étaient au présent chez Présent et présent
Ils étaient actuellement chez Actuel et actuel
Ils étaient au courant des dernières nouvelles

Ils sont plus rien du tout chez Nulle part et jamais
Ils sont clé sous la porte à Sans laisser d'adresse
Ils sont disparition chez Néant et paresse
Et tu es mon amour chez Toujours et après

# PURGATOIRE

J'ai vu finir la vieille Histoire
Elle est tombée dans ma mémoire

Quand je sortais du Maine-et-Loire
Elle s'est échappée des grimoires

Elle s'est noyée dans les baignoires
Elle a giclé dans les saloirs

Elle a pourri dans les ciboires
Elle a rempli les abreuvoirs

Elle y a fait de grands trous noirs
J'en ai peuplé tout mon gueuloir

J'en ai parlé à l'auditoire
Qui m'a trouvé blasphématoire

Et puis aussi imprécatoire
Et même pas mal attentatoire

Dépuratoire et frustratoire
Vexatoire et rhédibitoire

Pour colmater leur désespoir
Ils m'ont viré au purgatoire

Ils m'ont foutu au dépotoir
Ils m'ont laissé mon écritoire

Je m'en sers comme d'un vomitoire
Mais j'arrête ce réquisitoire

En attendant d'autres déboires
Il faut raconter une histoire

# MÉMOIRES

J'ai voulu m'en aller
C'était trop tôt
Sur la pointe des pieds
Sans dire un mot

Il m'a fallu rester
Jusque fort tard
La vie était allée
Sans un regard

J'ai voulu retourner
Dans le hasard
Et surtout pas rester
Dans leur brouillard

J'ai voulu retrouver
Le beau hasard
Qu'ils avaient embrouillé
De leur brouillard

J'ai voulu remporter
La seule victoire
Que l'on peut remporter
Après l'Histoire

Il m'a fallu parler
À la plupart
Et j'ai même pris part
À leurs congrès

On part toujours trop tôt
Toujours trop tard
Les années forment un lot
Dans le brouillard

Et j'ai même pris part
À leurs forfaits
Je rêvais au départ
Sans l'avouer

Et j'ai pris du plaisir
À leurs délires
J'ai pris plus de plaisir
À en sortir

On prend toujours trop tôt
De la débâcle
La route sans obstacles
De tout repos

On prend toujours trop tard
De la détresse
Le convoi de hasard
Et de faiblesse

J'étais en désaccord
De toutes parts
Je n'aimais pas leurs corps
Et leurs regards

Je n'aimais pas leurs rires
Et leurs plaisirs
Et c'étaient mes plaisirs
Et puis mes rires

J'ai pris enfin la fuite
J'ai respiré
Je me suis en allé
La messe est dite

Paysage qui tournoie
Sous les fenêtres
Le néant et puis l'être
Rongent leur proie

Et les années qui passent
Silencieusement
Se calculent et puis lassent
L'entendement

Perché sur son tracteur
L'agriculteur
A une queue de cheval
Mais pas le moral

Je récapitulerai
Tous les désastres
Qui nous ont amenés
À ce désastre

L'artiste obligatoire
D'après l'Histoire
A les oreilles percées
Comme ses pensées

Je récapitulerai
Les catastrophes
Et je les chanterai
Strophe par strophe

La pétasse à vélo
Celle à landau
Celle qui lit *No Logo*
Et trouve ça trop

Je récapitulerai
Toute l'horreur
Qui les a transportés
D'un tel bonheur

L'avocate qui joue
Joue contre joue
Dans ma rue du banjo
Après le boulot

Et qui dit c'est mon droit
Et c'est mon choix
Après mes plaidoiries
Le vendredi

Je récapitulerai
Cette torpeur
Qui les a enterrés
Dans ce bonheur

Le tee-shirt Manga
De Maroussia
Et les baskets Gola
D'Alexandra

Je récapitulerai
Tous leurs exploits
Qui me remplissent d'effroi
Dans mon retrait

Astarté qui arrache
Les étiquettes
De tout ce qu'elle achète
Et qui est trash

Je récapitulerai
Sans me gêner
Leurs instants chavirés
Crétinisés

Bruit qu'ils appellent musique
Haleine de mort
J'allumerai la panique
Sur leur décor

Je dirai sans répit
Et fermement
Pourquoi je les vomis
Continument

Je dirai sans arrêt
Comme je les hais
Dans la proportion même
Où tant ils s'aiment

Jamais je n'ai vu rien
Que leur malheur
Là où ils voyaient rien
Que du bonheur

Jamais je n'ai vu rien
Que leur horreur
Là où ils voyaient rien
Que leur splendeur

Jamais je n'ai vu rien
Que leur noirceur
Là où ils voyaient rien
Que leur candeur

Et ils ne voyaient rien
Que du bonheur
Là où je voyais rien
Que déshonneur

Et je ne voyais rien
Que leur noirceur
Là où ils voyaient rien
Que leur splendeur

Et je ne voyais rien
Que leurs valeurs
Là où ils voyaient rien
Que leurs valeurs

Et toutes leurs valeurs
Sont sans valeur
Comme le sont d'ailleurs
Toutes les valeurs

Et ils sont sans valeur
Comme leurs valeurs
Ils les prennent en chœur
Pour du bonheur

Et je restais songeur
Devant le rien
Dont ils faisaient leur bien
Dominateur

Et je ne voyais rien
Dedans le rien
Qu'ils prennent pour le bien
Le plus souverain

Moi je ferai des vers
Philosophiques
En haine de tous les vers
Très poétiques

Et je ferai des vers
Très satiriques
Et je ferai des vers
Très didactiques

Et je ferai des vers
Épisodiques
Et je ferai des vers
Très polémiques

Et je ferai des vers
Très réalistes
Et je ferai des vers
Très alarmistes

Et je ferai des vers
Très optimistes
Car ils ne seront guère
Modérantistes

Et je ferai des vers
Très réalistes
Car ils ne seront guère
Très féministes

Et je ferai des vers
Très sympathiques
Car ce seront des vers
Très politiques

Et je ferai des vers
Métaphysiques
Contre toutes les rombières
Néo-druidiques

Et je ferai des vers
Zoologiques
Contre toutes ces rombières
Cabalistiques

Et je ferai des vers
D'un grand comique
Ils auront des ulcères
Cataclysmiques

Et je ferai des vers
Cataclysmiques
Contre leur univers
Catastrophique

Je ferai rire mes vers
Très réfractaires
Contre leur univers
Très mortifère

Et je retournerai
La poésie
Contre la poésie
Et ses méfaits

Et j'utiliserai
La poésie
Contre la poésie
Sans intérêt

Et je renverserai
La poésie
Avec mes vers qui rient
Sur son charnier

Et je retournerai
De vers en vers
Cent et cent fois le fer
Dedans ses plaies

Et je retournerai
La poésie
Pour mieux lui regarder
La féerie

On part toujours trop loin
Pour aller où
Il n'y a plus de loin
Où tout est tout

Il n'y a plus de loin
Où tout est bien
Il n'y a plus de bien
Le bien est loin

Il n'y a plus de où
Où tout est où
Rien qu'un arrière-goût
De fond d'égout

Il n'y a plus de bien
Où tout est bien
Quand le bien est partout
Un loup-garou

Il n'y a plus de bien
Où tout est bien
Il n'y a plus de rien
Où tout est rien

Dans le train qui me mène
Là où je suis
C'est moi qui me ramène
Ce que je suis

Tu peux toujours courir
Aller venir
Tu n'iras nulle part
C'est un placard

Tu as tort de rêver
Qu'ils vont crever
Rien ne sert de rêver
Au vent mauvais

Rien ne sert de rêver
Aux jours passés
Rien ne sert d'espérer
Te retrouver

Rien ne sert de te dire
Qu'ils vont mourir
Noyés dans cet ennui
Qui est leur vie

Rien ne sert de parier
Qu'ils vont enfin
Savoir qu'ils sont la fin
En étouffer

Paysage qui poudroie
Dans ma mémoire
De ces années qui broient
Encore du noir

Je prenais bien souvent
À juste escient
Ta bouche pour ton con
Et c'était bon

Je prenais bien souvent
En pleine fièvre
Tes lèvres pour tes lèvres
C'était charmant

Oubliant dans l'ivresse
Tes belles fesses
J'explosais dans la fièvre
Entre tes lèvres

L'ivresse est bien finie
La comédie
Des jouissances infinies
Est accomplie

L'ivresse est infinie
Et l'incendie
Des jouissances accomplies
Se multiplie

Souvenir de bonheur
Joie et douleur
J'adorais tes rondeurs
Et ton odeur

J'aimais de tout mon cœur
Tes profondeurs
J'aimais ton postérieur
Et sa chaleur

Et j'aimais tes clameurs
Et ta moiteur
J'aimais ton extérieur
En profondeur

Désastre des années
Déconstituées
Pour mieux commémorer
L'inanité

Paysage qui tournoie
Sous mes fenêtres
Le néant et puis l'être
Rongent leur proie

Grimpé sur son tracteur
L'agriculteur
A une queue de cheval
Et pas le moral

Jamais je n'ai vu rien
Que des horreurs
Là où ils voyaient rien
Que des candeurs

Jamais je n'ai vu rien
Que défaveur
Là où ils voyaient rien
Que des douceurs

Je dirai sans arrêt
Ce que j'ai vu
Ces méfaits qui m'effraient
Ces détritus

Touriste de malheur
Tu es vainqueur
Va par le monde détruit
Et ses débris

Touriste de mon cul
Tu as vaincu
Tu es un trou du cul
Très convaincu

Va par le monde détruit
Télévisé
Va par le monde noyé
Sous ton ennui

Promène partout ta gale
Occidentale
L'hyène est plus amicale
Et le chacal

Voyagiste impudent
Tu es vraiment
Le criminel de paix
Qu'il nous fallait

Et le monde désormais
N'aura la paix
Qu'après le grand saccage
De tes pillages

Qu'après la destruction
Quotidienne
De tes diluviennes
Démolitions

Et le monde que tu as
Pris en otage
Intensément jouira
De ces ravages

L'humanité par toi
Asphyxiée
Soupirera de joie
Dans ses cités

Quand la nuit grilleront
Pour son bonheur
Tes agences de malheur
Sur l'horizon

Je n'ai jamais rien vu
Que des horreurs
Là où ils n'ont rien vu
Que du bonheur

Je n'ai jamais rien vu
Que des noirceurs
Là où ils n'ont rien vu
Que leur splendeur

Je n'ai jamais rien vu
Que des splendeurs
Là où ils n'ont rien vu
Que leur crève-cœur

Ah ma jolie monnaie
Tu l'as gobée
Je te l'ai fait bouffer
C'était aisé

Ah ma jolie monnaie
Tu l'as chantée
Devant les billetteries
De ta connerie

C'était un trente-et-un
Décembre lointain
C'était en 2001
Après la fin

Ah ma monnaie mythique
Et mirifique
Ah ma monnaie unique
Et pathétique

Ah ma jolie monnaie
Tu l'as dansée
Ah ma jolie monnaie
Tu l'as fêtée

Ah ma monnaie unique
Tu l'as aimée
Ah ma monnaie inique
Tu l'as chantée

Et tu t'en es gavé
Sans hésiter
De ma monnaie mutique
Et sans réplique

Qu'on leur coupe tous la tête
Ce sera la fête
A dit la procureure
Qui m'écœure

Commedia del Ponte
Tu es comblée
Tu as l'argent du beurre
Et des horreurs

Commedia del Ponte
C'est ton quart d'heure
De massacreure fêlée
Et de vengeure

Commedia del Ponte
Équarisseure
Je te vois enchantée
De ta laideur

Commedia del Ponte
Exorciseure
Tu as l'argent du leurre
Et des honneurs

Terreur américaine
Sans fin ni loi
Vengeance américaine
Semant l'effroi

Terreur américaine
Sans frein ni rien
Fureur américaine
Sans fin ni fin

Vautour américain
Sur la planète
Le Bien américain
Sème la tempête

Terreur américaine
Sans rien ni rien
La mort américaine
Et son tocsin

Ténèbres américaines
Insupportables
Menace américaine
Abominable

Connerie américaine
Intolérable
Démence américaine
Insupportable

L'Histoire s'est allongée
Très fatiguée
Je suis à son chevet
Interloqué

Je l'ai bien repérée
Dans son merdier
Derrière tout son foutoir
Et ses grimoires

L'Histoire s'est allongée
Très fatiguée
D'avoir à répéter
Qu'elle est couchée

L'Histoire s'est recouchée
Ses sanglots longs
Dans le lointain s'en vont
Au vent mauvais

L'Histoire s'est renversée
Sur le côté
Elle ne peut relever
Que des regrets

L'Histoire s'est étendue
Elle est perdue
Dans ses jours révolus
Et ses secrets

L'Histoire s'est allongée
Très fatiguée
D'avoir à répéter
Qu'elle est fermée

D'avoir à répéter
Que c'est niqué
D'avoir à répéter
Que c'est merdé

D'avoir à répéter
Qu'ils aillent voir
Ailleurs si elle y est
Avec sa gloire

D'avoir à répéter
Que c'est fermé
Que c'est en cessation
D'illusion

Que c'est en cessation
D'expansion
En en liquidation
De négation

D'avoir à leur redire
Soir après soir
D'avoir à leur prescrire
De se faire voir

L'Histoire s'est alitée
Très indignée
De voir glorifier
Sa bonne santé

L'Histoire voudrait parler
Des jours entiers
Mais qui l'écouterait
Des jours entiers

L'Histoire voudrait bien dire
Qui elle était
Mais on veut lui prescrire
De continuer

L'Histoire s'est retournée
Sur le côté
Elle affronte face à face
Le mur d'en face

L'Histoire s'est retirée
Pour mieux finir
L'Histoire s'est dérobée
Pour mieux s'offrir

L'Histoire voudrait parler
De son retrait
De ces choses oubliées
Qu'elle savait

L'Histoire est fatiguée
De démontrer
Qu'elle est trop fatiguée
Pour continuer

L'Histoire est fatiguée
De répéter
Qu'elle n'a rien à prouver
Ni à cirer

L'Histoire est fatiguée
De proférer
Qu'elle n'a plus rien à dire
Hormis le pire

L'Histoire est fatiguée
De bégayer
Elle en a plus qu'assez
De radoter

L'Histoire est fatiguée
Parce que le pire
Tient dans un seul soupir
Un rien à dire

L'Histoire est sidérée
D'être mortelle
Elle qui se figurait
Être immortelle

Elle qui se figurait
Vivre plus vieille
Que toute l'humanité
En ribambelle

Elle qui s'imaginait
Intemporelle
Et qui s'imaginait
Surnaturelle

Elle qui s'imaginait
Perpétuelle
Et tout enveloppée
D'immatériel

Elle qui s'imaginait
Indispensable
Elle qui s'imaginait
Indépassable

Elle qui croyait liée
Sa destinée
À ce que l'on nommait
L'humanité

Elle qui n'a pas vu
De loin venir
Le moment de la mue
Du devenir

Elle ne voyait pas
Le genre humain
Triompher du trépas
Et des chagrins

Triompher du bonheur
Et des erreurs
Triompher du malheur
Désassembleur

Triompher du malheur
Interrupteur
Triompher du malheur
Fécondateur

Elle ne voyait pas
L'humanité
Conquérir pas à pas
L'éternité

Elle n'imaginait pas
Qu'ils oseraient
Se métamorphoser
À grand fracas

Et finir de finir
Au cas par cas
Et cesser de vieillir
Comme papa

Et tourner les talons
Tourner la page
S'en aller sur la plage
Aux conclusions

Et chercher à passer
Derrière les faits
Chercher à traverser
Le conte de fées

Et chercher à percer
Le dur miroir
De la fatalité
Du désespoir

L'Histoire a reconnu
Qu'elle est précaire
Quand elle s'est toujours cru
Non temporaire

Et d'autant plus mortelle
Que les humains
Devenus perpétuels
S'en vont au loin

L'Histoire s'est alitée
Très anémiée
Elle est abandonnée
Dans son grenier

C'est la vieille du sixième
Sans ascenseur
Sa solitude est blême
Et sa terreur

Qui pense encore à elle
Si ce n'est moi
Qui sait qu'elle était belle
En ses exploits

Je lui fais des visites
De charité
Apprécie-t-elle ce rite
Inusité

L'Histoire s'est écoulée
Elle est finie
L'Histoire s'est déroulée
Elle est tarie

L'Histoire est fatiguée
De continuer
À toujours répéter
Qu'elle est crevée

L'Histoire en a assez
De leur montrer
Qu'ils en ont plus qu'assez
De ses excès

Qu'ils en ont plus qu'assez
De ses congrès
Qu'ils en ont plus qu'assez
Des à-peu-près

Qu'ils préfèrent leurs congés
Et leurs procès
À tous les insuccès
De ses succès

L'Histoire est fatiguée
De seriner
Que c'était elle ou eux
Mais pas les deux

L'Histoire a basculé
Dans le fossé
Elle y a retrouvé
Le monde entier

L'Histoire m'a demandé
De raconter
Tout ce qu'elle me disait
Pour m'amuser

Paysage qui tournoie
Strophe par strophe
Je récapitulerai
Les catastrophes

Et je ferai des vers
Très didactiques
Et ce seront mes vers
Les plus comiques

Et je ferai des vers
Très polémiques
Et ce seront des vers
Très érotiques

Et je ferai des vers
Très réalistes
Et ce seront des vers
Très alarmistes

Paysage qui va vite
Pris aux cheveux
Par le vent qui débite
De grands aveux

Le passé à les croire
Est un trou noir
Mais ils te font devoir
De la mémoire

Paysage qui va vite
Pris aux cheveux
Par le vent qui débite
De grands aveux

Désunion qui se fait
Progressivement
Désir qui se défait
Et corps qui ment

Vitesse du paysage
Pris en otage
Par le vent qui ravage
Notre courage

Ton temps n'est plus mon temps
Je n'ai pas le temps
Et je laisse le présent
Aux consentants

Grimpé sur son tracteur
Et immobile
Un agriculteur pleure
Dans son mobile

Ça ne capte même pas
Enrage-t-il
Vous ne passerez pas
Saleté de mobile

J'aime le bonheur léger
Tous les matins
De trouver une idée
Qui les disjoint

J'aime le bonheur altier
Le soir venu
De disjoindre les moitiés
De ton gros cul

J'aime ce bonheur obscur
Au grand midi
Dans le désespoir pur
Et dans l'oubli

J'aime le bonheur maudit
Du grand oubli
Et l'oubli sans répit
Dans l'infini

Je récapitulerai
Strophe par strophe
La grande catastrophe
De ces années

Jamais plus de nanas
Dans ton baba
Jamais plus d'ananas
Dans ton cabas

Jamais plus de gonzesses
Serrant les fesses
Jamais plus de tendresse
Ni de détresse

Beaucoup trop de radasses
Et de pétasses
Beaucoup trop de grognasses
Et de bécasses

Au bout de tant d'années
Si désolées
Mes peines s'en sont allées
Et tes regrets

Au bout de tant d'années
Si désertées
Mes joies se sont gravées
Dans tous tes traits

Au bout de tant d'années
Succédanées
La partie est gagnée
Ils sont damnés

La vie que tu vois là
Exterminée
L'homme que tu vois là
Exténué

La vie que tu vois là
Dévalisée
L'homme que tu vois là
Déshabité

L'homme que tu vois là
Déshabillé
La vie que tu vois là
Dépossédée

La vie que tu vois là
Exorbitée
La vie que tu vois là
Expropriée

La vie que tu vois là
Dépropriée
La vie que tu vois là
Congédiée

L'homme que tu vois là
Désorbité
L'homme que tu vois là
Déshabité

Qui pousse la poussette
Du premier
Et qui hoche la tête
L'air hébété

Et qui a l'air ravi
Que Magali
Attende le second
C'est un garçon

La vie que tu vois là
Trucidée raide
L'homme que tu vois là
Cet intermède

La vie que tu vois là
Déshabillée
La femme que tu vois là
Déshabillée

La femme que tu vois là
Déculottée
La femme que tu vois là
Déraisonnée

La femme que tu vois là
Désemparée
La femme que tu vois là
Démissionnée

Nous voici encore seuls
Si lents si lourds
Tout a été si court
Si lourd si seul

Nous voici encore lourds
Si seuls si lents
Tout sera comme toujours
Si lent si lent

Nous voici comme toujours
Si seuls si seuls
Perdus parmi les sourds
Si seuls si seuls

Mordu comme une chair
Sous les crocs durs
Mordu comme par du fer
Vois ces blessures

De morsure en morsure
Toute ta chair
Du royaume du Père
Cherche l'ouverture

Blessé comme une terre
Par ces crocs durs
Tu veux la lumière pure
Loin de la terre

Messages bien reçus
Puis effacés
Voix chères qui se sont tues
Sans insister

Messages bien entendus
Puis effacés
Je ne suis pas déçu
D'être passé

Messages bien reçus
Puis révolus
Merci d'être venu
Au dépourvu

Message bien reçu
Et bienvenu
Je ne suis pas déçu
D'être venu

# TABLE DES MATIÈRES

Avant-propos . . . . . . . . . . . . . . . . . . . . . . . . . . . . . . . . . 7

ET APRÈS ? . . . . . . . . . . . . . . . . . . . . . . . . . . . . . . . . . 37

MORCEAUX DE FEMME . . . . . . . . . . . . . . . . . . . . . . 41

LA NURSERY S'ÉTEND . . . . . . . . . . . . . . . . . . . . . . . 51

LES FILLES . . . . . . . . . . . . . . . . . . . . . . . . . . . . . . . . 55

DOULOUREUSE RÉFLEXION DU PETIT ENQUÊTEUR
SUR LES NOUVEAUX RÉACTIONNAIRES . . . . . . . . . . 57

À HEGEL . . . . . . . . . . . . . . . . . . . . . . . . . . . . . . . . . . 63

L'EXISTENCE DE DIEU . . . . . . . . . . . . . . . . . . . . . . . 69

ÇA NE PREND PLUS . . . . . . . . . . . . . . . . . . . . . . . . . 71

JE BANDE, DONC JE FUIS . . . . . . . . . . . . . . . . . . . . . 75

OBJECTION REJETÉE . . . . . . . . . . . . . . . . . . . . . . . . 77

ÉTHIQUE DE LA TOISON PURE . . . . . . . . . . . . . . . . . 79

TOMBEAU POUR UNE TOURISTE INNOCENTE . . . . . 85

LÂCHE-MOI TOUT . . . . . . . . . . . . . . . . . . . . . . . . . . . 95

CE QUE J'AIME . . . . . . . . . . . . . . . . . . . . . . . . . . . . . 101

TU L'AS VOULU . . . . . . . . . . . . . . . . . . . . . . . . . . . . . 111

C'EST LA RENTRÉE . . . . . . . . . . . . . . . . . . . . . . . . . . 113

CE QUE ME DIT TON CUL . . . . . . . . . . . . . . . . . . . . 115

DISPOSITIONS EXCELLENTES . . . . . . . . . . . . . . . . . 127

MEZZANINE . . . . . . . . . . . . . . . . . . . . . . . . . . . . . . . 133

10 SEPTEMBRE 2001 . . . . . . . . . . . . . . . . . . . . . . . . . 135

AVRIL 2003 . . . . . . . . . . . . . . . . . . . . . . . . . . . . . . . . 137

NOUVELLE CUISINE . . . . . . . . . . . . . . . . . . . . . . . . . 141

FUTUR ÉTERNEL DE SUBSTITUTION . . . . . . . . . . . 145

SANS MOI . . . . . . . . . . . . . . . . . . . . . . . . . . . . . . . . . 149

LA COMÉDIE HUMAINE . . . . . . . . . . . . . . . . . . . . . . 155

PURGATOIRE . . . . . . . . . . . . . . . . . . . . . . . . . . . . . . . 159

MÉMOIRES . . . . . . . . . . . . . . . . . . . . . . . . . . . . . . . . 161

*Ce volume,*
*publié aux Éditions les Belles Lettres*
*a été achevé d'imprimer*
*en septembre 2010*
*sur les presses*
*de la Nouvelle Imprimerie Laballery*
*58500 Clamecy, France*

*N° d'éditeur : 7121*
*N° d'imprimeur : 009355*
*Dépôt légal : octobre 2010*

*Imprimé en France*